KB135188

북한이주민과 대학생활 내러티브

남북한 문화비교 총서 ⑨

북한이주민과
대학생활 내러티브

전주람 ｜ 곽상인 ｜ 김지일

남북한 문화비교 연구총서는 학계에만 국한되어 출간되는 연구물을 대중화할 필요가 있겠다는 기대로부터 기획되었습니다. 2020년 여름, 전주람은 학회지에 북한이주민의 생생한 증언을 담는 작업을 하고 있었습니다. 그때 한국학술정보출판사에서 연구자들이 그간 학술지면에 발표한 논문을 단행본으로 엮는 작업을 한다는 광고를 보게 되었습니다. 그래서 한국학술정보 이강임 팀장님과 만나, 딱딱한 북한 관련 총서에서 벗어나 북한이주민의 생생한 증언을 담아내는 방식의 남북한 문화비교 연구총서를 엮자는 데 의견을 모았습니다. 그간 북한이주민들의 심리사회적 자원을 시작으로 가족문화와 일세계, 지역사회복지, 자기 돌봄, 정체성 및 연애와 사랑 등에 이르기까지 다양한 연구를 현장 인터뷰 방식으로 진행해 왔었는데, 그 내용을 남북한 문화비교 총서로 엮는다면 보다 많은 독자가 쉽게 내용을 접할 수 있지 않을까 판단했습니다.

남북한 문화비교 총서는 '일상생활(daily life)'을 주된 연구 영역으로 삼았습니다. 북한이주민의 일상생활이 어떠한지 자세히 살피고자 했습니다. 이를 통해 북한이주민에 관하여 고정되어 온 부정적 편견과 고정관념을 걷어내고, 그들을 새로운 관점으로 바라보는 태도를 갖게 하고자 했습니다. 이 총서는 북한이주민이 누구인

지에 관한 인식 제고의 전환점과 담론을 제공해 줄 것이라 기대합니다. 남한에서 출생한 국민이 북한이주민에게 쉽게 다가가고 그들을 이해할 수 있는 좋은 자료가 될 것입니다. 궁극적으로는 향후 남북한의 사회문화적 통합에 중요한 기초자료로 활용될 수 있을 것이라고 기대합니다.

프랑스 철학자 앙리 르페브르(Henri Lefebvre)는 일상생활을 인간의 전체성 관점에서 설명하였습니다. 자세히 보면 인간은 욕구의 차원, 노동의 차원, 놀이와 즐거움의 차원으로 존재가 파악되며 이 세 가지 요소가 유기적인 관계로 통합될 때에만 비로소 인간의 참된 모습이 현실화된다고 하였습니다. 즉 인간이 생존하기 위해서는 물질적·신체적 욕구가 충족되어야 하며, 동시에 이러한 욕구를 충족시키기 위해 일하지 않으면 안 된다고 언급한 것입니다.

일상을 다루는 것은 결국 일상성을 생산하는 사회, 우리가 살고 있는 그 사회의 성격을 규정짓는 것이므로, 진지한 연구대상이 되어야 마땅합니다. 일상이 매일 반복되고, 사소해 보이며, 지루한 업무의 연속처럼 느껴지고, 익숙한 사람과 사물의 잦은 마주침으로 가득 차 보일지 몰라도, 중요한 사실은 일상이 바탕이 되어야만 사건이 일어난다는 것입니다. 이처럼 일상생활 연구는 사회 전체에 대한 평가와 개념화를 함축하므로, 일상성을 하나의 개념으로만이 아닌 '사회'를 알기 위한 바로미터가 되기에 중요합니다. 따라서 남북한 문화비교 총서에서 북한이주민의 일상생활 모습을 전방위적으로 깊이 탐색하는 것은 사회문화적 통합 영역뿐만 아니라 실천적으로도 긴요한 일이라 할 수 있겠습니다.

총서 시리즈물의 아홉 번째인 '북한이주 청년과 대학생활 내러티브' 편은 가족학이라는 학문적 토대에 '북한'이라는 영역을 끌어들인 것입니다. 가족학을 연구의 기반으로 삼는 전주람, (인)문학과 문화현상을 주된 연구 대상으로 삼는 곽상인, 그리고 북한학과 회계학을 전공하고 있는 평양출신 김지일이 북한이주 청년들의 대학생활에 관해 주목했습니다. 일상생활 중에서도 청년에게 중요한 열쇳말은 '대학생활'이 아닐까 싶습니다. 따라서 이 개념을 북한이주민에게 적용하면 어떤 내용이 담길지, 고민과 숙의의 과정을 거쳤습니다. 결국 그들의 생생한 언어를 채록하면 독자들이 이 책의 내용을 쉽게 이해할 수 있으리라 판단했습니다.

이에 1부에서는 북한이주 청년들이 겪는 어려움과 대학생활 전반에 관한 개괄적인 설명을 했습니다. 그들에게 '대학'이라는 미시체계인 학교 환경이 어떠한 이유로 중요한지를 살폈습니다. 이는 북한이주 청년들이 남한에서 대학생활을 보다 안정적으로 영위하기를 바라는 마음에서였습니다. 2부에서는 북한이주 청년들의 증언을 통해 드러나는 '대학'이라는 장으로 입문하고자 하는 동기, 적응과정과 그들의 심리내·외적 자원을 검토했으며, 학업 과정의 즐거움과 어려움, 진로 선택에서의 고민을 키워드로 나눈 대화록을 담았습니다.

2부에서는 북한이주 청년들이 한국사회 적응과 대학 생활에서 정체성을 어떻게 형성해가는지를 살폈습니다. 아울러 그들의 미시 환경에서 드러나는 대학에서의 진로, 인간관계 등에 대해서도 같이 고민했습니다. 북한의 대학 생활과 남한의 대학 생활이 어떻게 다른지, 그들의 경험세계와 인식, 그리고 교우 관계는 어떻게 차이가 나는지를 확인할 수 있는 좋은 기회가 마련되기도 했습니다. 이 책에 수록된 이야기는 북한이주 청년에게 중요한 미시체계인 대학 생활을 이해하는 데 도움이 될 것입니다.

이상의 결과를 책에 담는 작업은 남한의 일상을 경험하는 그들을 이해하는 것이자, 그들이 속한 사회를 이해하는 것이기도 합니다. 요컨대 〈남북한 문화비교 총서〉는 남북인이 조화롭게 어울릴 수 있는 일상 문화를 찾아나가는 데 중요한 기초자료가 될 것입니다.

2024년 9월

전주람, 곽상인, 김지일

○ 목차

1부

북한이주 청년과
대학생활

1장 북한이주민과 상처, 그 너머

상처 없는 사람이 있을까. 마음의 상처를 정신분석학에서는 '트라우마(trauma)'라고 한다. 북한이주민들은 탈북 과정에서 극심한 육체적·정신적 고통으로 인해 마음에 많은 상처를 안고 살아간다. 특히 굶주림으로 인한 고통은 심한데, 식량과 생활필수품이 공급 차단되어 생명을 잃는 경우도 발생하고 있다. 경제적인 어려움도 트라우마 증상을 악화시키고 있어 문제가 되고 있다. 최근에는 국경 봉쇄로 인해 식량과 필수품의 공급이 차단된 상황이기도 하다.[1]

또한 북한에서의 인권 상황은 너무 심각한 상태다. 최근 통일부가 발표한 〈2023 북한인권보고서〉에 따르면, 북한 주민들은 과도한 공권력 사용으로 인해 생명권이 심각하게 침해받고 있다. 예컨대 한국 영상물 시청이나 종교 활동을 했다는 이유로 대규모 처형이 이루어지고 있으며, 심지어 미성년자와 임산부에 대해서도 사형이 집행되고 있는 실정이다.[2] 더불어 UN 북한인권특별보고관인 토마스 오헤아 킨타나는 지난 6년 동안 북한의 인권 상황이 더욱 악화되었다고 평가했다. 자의적인 체포와 구금, 고문과 학대, 강제노동 등 강압적 통치 체제가 전혀 개선되지 않았다고 밝혔다.[3]

---

1 진 맥켄지(기자, BBC 서울 특파원), 「북한 내부 주민과의 BBC 독점 비밀 인터뷰 '식량 부족해 이웃들 굶어 죽어'」, BBC News 코리아, 2023년 6월 15일.
2 문화체육관광부 해외문화홍보원, 「외신이 주목한 통일부 '북한 인권실태 조사보고서' 최초 공개」, 정책뉴스(korea.kr), 2023년 4월 10일.
3 「북한인권: 유엔 북한인권보고관 '지난 6년간 북한인권 더 악화'」, BBC News 코리아, 2022년 3월 18일.

공개처형

〈2024 북한인권보고서〉에 따르면, 북한에서는 여전히 공개처형이 빈번하게 이루어지고 있다. 특히 '반동사상문화배격법'[4]을 적용해 남한 노래와 영화를 시청하거나 유포한 주민들을 공개 처형한 사례가 보고된 바 있다.[5] 2022년 황해남도에서 22세의 한 청년이 남한 노래 70곡과 영화 3편을 시청하고 유포했다는 이유로 공개 처형되었으며, 2023년에도 여러 차례 공개처형이 이루어졌다는 증언이 수집되었다. 이러한 처형은 주민들에게 공포를 심어주기 위한 수단으로 사용되고 있다.

하지만 북한에서 한류의 영향은 지속될 듯하다. 휴대용 EVD / DVD 플레이어'노트텔' 2세대 소형 기기가 활용되고 있어서 그러하다. 노트텔 자체가 단속의 대상은 아니지만 북한 DVD를 넣어두면서, 동시에 UBS로 한국 드라마를 보는 것이 문제가 되고 있다. 만약 단속할 경우에는 USB만 빠르게 숨기면 된다. 요즘에는 손바닥만한 크기의 '엠피오'라고 부르는 기기를 많이 사용한다고 한다. 이 기기는 음악만 들을 수 있는 'MP3'보다 업그레이드 된 형태로 영상을 볼 수 있고 터치도 가능하다. 이 기기에는 '마이크로 SD카드'가 들어가므로 단속이 너무 어렵다고 한다. 이 기기는 사전기능

---

4 '반동사상문화배격법'은 북한이 2020년 12월에 제정한 것으로, 외부 문화와 사상, 특히 남한의 드라마, 영화, 음악 등의 유입과 유포를 엄격히 금지한다는 내용을 담고 있다. 이 법은 북한 주민들의 사상과 문화를 통제하기 위한 목적으로 만들어졌으며, 이를 위반할 경우 최고 '사형'에 이르는 극형까지 처벌할 수 있도록 규정하고 있다.

5 양민철 기자, 「남한 노래ㆍ영화 유포했다고 공개 처형, 2024 북한인권보고서에 담긴 실상」, KBS 뉴스, 2024년 06월 27일.

이 포함되어 있어서, 일상에서도 활용도가 높기에 단속 대상은 아니라고 한다. 따라서 북한에서 남한의 영상물은 거의 단속하기 어려운 수준에 이르렀다고 이해하면 되겠다.

입국 과정에서의 어려움 : 국경 통과, 브로커 비용, 여정의 위험

북한을 이탈하여 여러 제3국을 거쳐, 한국으로 입남(入南)하는 과정에서도 북한이주민은 죽음에 대한 위기와 공포를 겪는다. 우선 국경을 통과할 때의 위험을 감수해야 한다. 북한을 떠나기 위해서는 엄격한 감시와 경비가 이루어지는 국경을 넘어야 한다. 이 과정에서 발각되면 체포되거나 심각한 처벌을 받을 수 있다. 또한 브로커 비용으로 많은 자금이 필요하며, 이를 마련해야 하는 어려움도 있다.

탈북 브로커 비용은 최근 몇 년간 크게 상승했다. 2010년대까지만 해도 북한이주민 한 명당 약 200만원(한화) 정도의 돈이 필요했으나, COVID-19 직전에는 2,000만 원 수준까지 올랐다.[6] 최근에는 중국의 '반간첩법' 시행으로 인해, 브로커 비용이 1억 원까지 급등한 사례도 있다. 이 비용에는 북한 국경 경비대에 주는 뇌물, 중국 측 협력자에게 주는 수고비, 중국에서 제3국까지 이동하는 경비 등이 포함된다. 이러한 비용 상승은 북한이주민들에게 큰 부

---

6   문동수 에디터, 「너무 비싸 혀 내두른다는 탈북 비용, 원래 2천만 원이었지만 현재는」, mobilitytv.co.kr, 2024년 04월 30일.

담이 되고 있으며, 많은 사람이 탈북을 포기하거나 다른 방법을 모색하게 만들고 있다.

그러나 제일 중요한 것은 탈북 여정이 너무 위험하고 고되다는 것이다. 북한이주민들은 38선을 넘어서 바로 남한으로 유입하기가 어렵기에, 중국을 거쳐 오는 경우가 대부분이다. 이 과정에서 공안에게 붙잡히면 북송되고, 자신의 신분이 노출되는 것을 막기 위해 다양한 방식으로 중국에 체류하는 경우가 많다. 예컨대 인신매매, 강제 노동, 위장 결혼, 감금, 체포 등의 위험에 노출되기도 한다. 그래서 보다 안전한 방법으로 제3국(라오스, 태국 등)을 택하고, 그곳에서 다시 한국으로 입국한다.

아래 사례는 자신의 목숨을 건 탈북 과정을 토로한 내용이다.

〈험상궂게 하고 떠났어요. 팔려 갈까 싶어서.〉

저는 되게 촌스럽게 하고 떠났어요. 예쁘게 생긴 상품적 가치가 있으면 어디론가 팔려 갈 것 같아서. '나를 팔지 말고 버려버리라.'하는 심정으로. 그래서 머리를 다 커트하고 화장도 안 하고, 오히려 험상궂게 했어요. 브로커가 차에 태웠어요. 근데 브로커도 저희하고 이렇게 말이 안 통했거든요. 한족이다 보니까. 제가 그때 버스를 타면서 제일 큰 트라우마로 남은 게 경찰 사이렌 소리였어요. 그 소리만 나면 가슴이 벌렁거려요. 가다가 버스를 세워놓고 사이렌이 막 울리면 중국 공안이 올라오거든요. 저희는 말도 모르잖아요. 검열 같은 거였는데, 조카하고 둘이서 그냥 침대에서 기절한 것처럼 누워 있었어요. 자는 척했어요. 그냥 깨워도 나는 못 깨어나는 척 있었어요. 버스 안에서도 누가 신고할지 모르니까요. (50대, 여)

〈경찰초소인 줄 알고 뛰어내린 동료 탈북민〉

얼마나 공포감이 컸던지. 저도 탈북할 때 2층짜리 버스를 타고 이동했어요. 저희를 제일 꼬리 칸에 태우고, 브로커는 앞에 타고 있어요. 중국 톨게이트가 있었는데, 현금으로 돈을 지불하는 데였나 봐요. 근데 북한 사람들은 톨게이트라는 걸 처음 접하니까 낯설었죠. 버스들이 줄을 쫙 서서 돈을 내고 있었어요. 시간이 좀 걸리니까 버스 기사가 차 문을 딱 열었는데 침대에 이렇게 앉아 계시던 저희 팀의 한 분이 바로 내려서 도망쳤어요. 도망친 분은 그게 경찰 초소인 줄 알았나 봐요. 그래서 브로커가 막 달려가서 "빨리 오라. 여기 경찰 검열하는 거 아니다."고 해서 돌아왔던 적도 있었어요. 그때 놀라서 가슴이 내려앉는 줄 알았어요. (30대, 여)

입국 후 정착의 어려움

한국에 도착한 후 정착 과정에서 북한이주민들은 언어와 문화 차이, 경제적 어려움, 사회적 편견 등으로 인해 고초를 겪는다. 북한이주민들은 이러한 난관을 해결하기 위해 많은 노력을 기울이고 있으며, 정부와 민간 단체들도 이들을 지원하기 위해 다양한 프로그램을 운영하고 있다. 북한이주민들이 겪는 주된 어려움은 생계, 말투로 비롯된 차별, 가족과의 이별, 심리정서적 어려움, 교육 및 진학, 취업, 사회의 차별적 시선 등이 있다.

생계 문제의 경우, 북한이주민들은 남한에서 경제적으로 자립하는 데 어려움을 겪고 있다. 〈한겨레신문〉에 따르면 생계를 주요 문제로 꼽은 탈북민이 25%로 나타났다.[7] 또한 말투로 인해 차별

7　이제훈 기자, 「형편 어려운 북한이주민 10명 중 5명 "정서·심리적 어려움 겪어"」, 한겨레신문, 2022년 01월 06일.

과 왕따 문제가 발생한다. 북한이주민들은 남한 사회에서 언어 차별을 겪는 경우가 많다. 북한에서 사용하던 말투와 억양 때문에 직장이나 일상생활에서 종종 차별당하며, 채용 과정에서도 불이익을 겪기도 한다.

가족과 헤어졌기에 북한이주민은 정서적, 심리적으로 고통을 겪을 수밖에 없다. 〈연합뉴스〉에 보도된 통일부 조사에 따르면, 형편이 어려운 탈북민의 약 47%가 정서적·심리적 문제를 호소하고 있다고 한다.[8] 그럼에도 불구하고 사회적 차별과 편견이 심해지고 있어, 남한 사회에서 살아가기가 어렵다고 호소한다. 교육 및 진학에 있어서도 북한이주민들은 남한의 시스템에 적응하는 데 어려움을 겪고 있다.

북한이주민들의 자살률

북한이주민의 자살률은 남한의 국민보다 높은 것으로 나타났다. 통일부 자료에 따르면, 2016년부터 2020년까지 북한이주민 사망자 중 자살로 인한 사망 비율이 약 8%에서 15%에 이르렀다. 이는 같은 기간 동안 남한의 일반 국민 자살률인 약 4.3%에서 4.7%보다 두 배 이상 높은 수치이다(연합뉴스, 2022).

이러한 높은 자살률은 북한이주민들이 남한 사회에 정착하는 과정에서 겪는 심리적, 경제적 어려움과 사회적 고립감 등이 주요

---

8   배영경 기자, 「형편 어려운 북한이주민 10명중 5명 "정서 심리적으로 어려워"」, 연합뉴스 (yna.co.kr), 2022년 01월 06일.

원인으로 지목되고 있다. 북한이주민들은 탈북 과정에서 겪은 트라우마와 남한 사회에서의 적응 문제로 인해 많은 스트레스를 받고 있으며, 이는 자살률 증가로 이어질 수 있다.

이와 관련하여 북한이주민들의 독거 사망 사례도 증가하고 있다. 최근 통일부 자료에 따르면, 2022년에는 무연고 사망자가 19명 발생했으며, 이는 2019년의 7명에 비해 두 배 이상 증가한 수치이다(BBC korea, 2023). 무연고 사망 또는 고독사로 사망한 북한이주민은 실제 사망자 중에서 20~30대 청년과 40~50대 중년층이 많다고 한다. 그리고 서울시립승화원 인근 벽제납골당에는 화장한 무연고 북한이주민 사망자들의 유골을 안치해 둔 공간이 있다고 한다.

외상후 성장(post-traumatic growth : PTG)

북한이주민들은 탈북 과정에서 겪은 극심한 외상 체험 때문에 외상 후 성장(post-traumatic growth: PTG)을 경험하기도 한다. 외상 후 성장은 심각한 고난을 극복한 후에 나타나는 긍정적인 변화와 성장을 의미한다(위키백과, 2024). 외상후 성장을 통해 북한이주민들은 개인적인 힘을 얻고, 새로운 가능성을 발견하거나, 타인과의 관계에서 긍정적인 변화를 경험한다. 또한 삶에 대한 감사와 영성의 성장을 포함하는 인생 가치관이나 철학의 변화를 느낀다. 이를 통해 북한이주민들은 자신에게 매우 엄격하고 억압적이었던 태도에서 벗어나, 새로운 가능성과 잠재력을 발견하기도 한다. 이러한 자신감은 미래에 도래할 역경에 대처하는 능력을 현저하게 증가시켜 안정적인 정착을 돕는다.

선행연구에 따르면 외상후 성장과 관련된 개인 내외적 요인은 자아탄력성, 사회적 지지, 대처 전략, 낙관성, 개방적, 외향성 등이 주된 관련 변인으로 나타나고 있다. 자아탄력성이란 어려운 상황에서도 긍정적으로 대처할 수 있는 능력이다. 개인의 회복탄력성이 높을수록 외상 후 성장을 경험할 가능성이 높다. 그리고 가족, 친구, 동료 등 주변 사람들의 (심리적)지지가 외상 후 성장에 중요한 역할을 한다. 사회적 지지가 높을수록 외상 후 성장이 촉진된다. 그리고 외상에 대한 의미를 부여하고, 이를 통해 고통을 완화시키는 대처 전략이 외상 후 성장을 촉진한다.

2장 북한의 대학은 무엇이 다른가?

이 사례는 몇 가지 인터넷 자료를 활용하여 북한 이주 청년들의 남북 대학생활 경험과 그들이 한국 대학생활에 적응하는 과정에서 어떤 경험을 했는지를 정리한 것이다. 여기서는 북한이주 청년인 김필국(가명[9])과 강진영(가명)[10]의 이야기를 듣고, 남북 대학생활이 어떻게 다른지 살피고자 한다. 김필국은 북한에서 대학 생활을 하였고 프랑스 유학 경험도 있다. 또 방송 출연 당시에는 한국의 한 대학에 들어가서 생활하고 있었다. 강진영은 북한과 남한에서 예술대학에 다닌 경험이 있다.

북한이주 청년들 다수는 대학 진학을 선호하고 있다. 그들은 대학을 반드시 나와야 한다고 인식하고 있으며(45.4%), 한국에서 학력이 중요하다(77.7%)고 인식하는 것으로 나타났다.[11] 한국 정부는 정착 및 사회적응 프로그램 중 하나로 북한이주민을 대상으로 대학 진학의 기회와 학습 기회를 제공하고 있다. 물론 북한이주민 당사자들 역시 자신에게 적합한 전공을 선택하고 사회 진출과 다양한 경험 및 성장을 위해 대학에 간다. 그러나 30대의 학생들 대부분은 휴학을 경험(이우태 외, 2022)한 것으로 나타났다.

이 장에서는 앞에서 정리한 인터뷰 형식에서 벗어나, 하나의 질

---

9   김책공대 출신이 말하는 북한의 명문대 (2022.11.19./통일전망대/MBC)
    〈https://youtu.be/kNQg1yvJXYA?si=W7Q4EJkHx3HxqfMN〉
10   남한과 북한 대학생활 다른점 11가지
    〈https://youtu.be/kNQg1yvJXYA?si=W7Q4EJkHx3HxqfMN〉
11   이우태 외, 「북한배경청년의 정책소외 실태 및 정책개발」, 『경제·인문사회연구회 협동연구총서』, 한국청소년정책연구원, 2022년 08, p. 82.

문에 대한 두 사람의 답변을 적절하게 수정 정리했음을 밝힌다.

북한 대학도 개혁의 바람이 부나요?

과학기술이라든가 무역이라든가 경제라든가 이런 게 활성화되려면 다른 나라랑 잘 교역해야 하잖아요. 교류해야 하는데 지금 여러 가지 제재 같은 것들 때문에 꽉 막혀 있다 보니까 북한으로서 믿을 수 있는 건 오로지 양질의 노동력이거든요. 그래서 인재 양성에 국가적인 관심을 총동원하는 것이 중요해요. 훌륭한 인재를 키우고 그 인재가 국가를 먹여 살리게끔 하겠다는 거거든요. 어떻게 보면 자력갱생을 강조하고 있는 북한의 기조와 일맥상통하는 부분이라고 할 수 있겠습니다.

대학이 군대식이라는 데 맞나요?

북한의 모든 대학교와 전문대학은 군대식으로 이루어져 있어서 남한의 대학과는 차이가 있습니다. 학급은 '소대'고요, 학년은 '중대', 학부는 '대대'로, 학교 전체는 '연대'로 분류됩니다. 각 학과 대학생 중에 리더십이 강하다고 평가된 대학생이 대대장으로 선발돼서 학과의 1, 2, 3학년, 4학년 이렇게 다 관리를 하고요. 학급은 소대장이 관리하게 됩니다. 농촌 동원이나 체육활동도 대대장의 지휘하에 단체로 진행합니다.

한국에서는 대학교에 들어가면 본인이 듣고 싶은 강의를 선택해서 자율적으로 듣잖아요. 그런데 북한에서는 학년별로 수강 과목이 따로 정해져 있습니다. 월요일부터 금요일까지는 오전에 4개 강의를 듣게 되고요. 토요일에는 오전에 한두 강의 정도 있고, 오후에는 '생활총화'라든가 '강연회 학생총회'가 있는데요. 또 여러 가지 활동이 있습니다. 그리고 강의 시작 전 7시부터 7시 30분 동안 담당 구역 청소라든가 강의실 청소를 하는 게 일반적입니다. 북한의 대학생들은 강의에 세 번 지각하면 수업 하나를 빼먹은 것으로 규정하고 있는데요. 하지만 해당 강의 교수라든가 소대장, 대대장에게 사유를 설명하고 합당하다고 판단이 되면 면제받을 수도 있습니다.

북한 대학교에서도 군사교육은 이뤄지나요?

사회주의 헌법을 보면 '국가는 사회주의 교육학의 원리를 구현하여 후대를 사회주의 건설의 역군으로 키운다.'라고 명시하고 있거든요. 그렇다 보니까 대학생들한테 전공과 무관하게 정치사상 교육도 해야 되고, 노력 동원도 해야 되고 군사 교육도 굉장히 강하게 시키거든요. 특히 대학교에는 '교도대'라고 있어요. 이것은 조선인민군의 준군사조직에 해당하거든요. 여기에 모든 대학생이 남녀 구분 없이 한 6개월 정도 복무하면서 훈련을 받아야 합니다. 특히나 이 군사훈련 같은 경우에 '대학교 교도대에서 복무했다.'라는 그 증서가 없으면 졸업이 불가능하다고 합니다. 굉장히 여러 가지로 바쁘다고 할 수가 있죠.

건설 현장에 자주 동원되기도 하나요?

북한 대학생들은 농촌이나 건설 현장에 자주 동원됩니다. 2012년 북한이 평양에 10만 호 살림집을 건설하던 때였어요. 10층 벽채를 완성해야만 하는 일이 있었습니다. 건설에 참여한 노동자 중에는 대학생들도 있었습니다. 당시 북한은 공사 진척이 지지부진한 것으로 알려지자, 휴교령을 내리고 대학생들을 동원한 거죠. 탈북민들 얘기 들어보면 대학 다니면서 공부할 시간이 제대로 없다는 거였어요. 노동도 나가야 하고 군사교육도 받아야 하고, 이렇다 보니까 강제로 노력 동원 같은 걸 시키니까 국제사회에서도 계속 지적하고 있잖아요. 문제가 된다고요. 사실 북한 내부 사정을 위해서라도 인재 양성에 굉장히 힘을 써야 그 사람들이 국가를 위해서 일할 텐데 공부할 시간을 안 주고 이렇게 노력 동원만 계속 하니까 북한이라는 국가의 입장에서도 굉장히 손해라고 할 수가 있죠. 저도 일단 동원됐던 경험이 있습니다. 농촌 동원 농번기 때 농촌 동원은 기본적으로 나갔고요. '북한 노동당 창건'이라고 해서 정주년(5·10년 단위의 해) 때 대학생들이 깃발 들고 지나가는 행사가 있었는데, 한 3~4m 되는 나무 깃발을 들고 한 4~5개월 훈련한 것 같습니다. 수업 듣고 끝나자마자 오후에 이제 김일성 광장에 가서 혹은 대학 안에 있는 운동장에서 줄 맞춰 서고 그래요. 옆에서 봤을 때 가지런하게 보여야 된다고 하면서 그걸 계속 반복 훈련했던 경험이 있습니다. 이런 행사에 동원되면 일단 짜증납니다. 공부하러 왔는데 갑자기 깃발대를 가지런히 맞추는 훈련을 왜 대학생들한테 시키는 건지 짜증납니다. 그런데 그게 한 달 두 달 지나면 익숙해지잖아요. 이 행사가 3개월 뒤에 끝나면 복귀해서 공부해야 한다고 생각하면 더 공부가 하기 싫은 거예요. 3개월 동안 공부 안 하고 놀았으니까, 오히려 다른 학생들한테 뒤떨어지게 만든 거잖아요. 정신적으로도 이제 나태해지고 몸만 혹사당하고요. 제발 대학생들은 공부만 하게 해줬으면 좋겠어요. 대학에 가서 수제반을 다녔는데 계속 동원되다 보면 학생들 입장에서는 '내가 공부하러 왔나? 이러려고 왔나?' 이런 생각이 당연히 들거든요. 그리고 공부에만 집중할 수 있게 국가가 좀 지원을 해줘야 학생들도 공부할 맛이 나잖아요. 그리고 세계를 바라보면서 '우리도 한 번 세계와 겨뤄보자.' 이런 마음이 생기지 않을까 싶어요. 저는 그렇게 생각합니다.

북한 대학에 등록금을 내나요?

북한 대학은 등록금이 없어요. 한국에는 등록금이 있잖아요. 근데 사람들이 흔히 하는 말이 있어요. 남조선은 월사금을 내지만 우리는 일사금을 낸다고 해요. 왜냐하면 북한에서는 하루하루 내는 게 많아요. 어떤 날은 '인민군대 지원해라.', 또 어떤 날은 '성남청년발전소 지원해라.', 또 어떤 날은 '파철 수매를 해라.'라고 해요. 이런 모든 것이 돈이 없어서 생기는 거잖아요. 그래서 돈을 내야 해요. 그래서 일사금이 된 거예요. 등록금은 없지만 일사금은 있다고 보면 돼요. 그런데 남한 대학에서는 등록금을 많이 내잖아요. 대학 가면 알바라도 해야 할 것 같아요. 원래는 어머니가 북한에서 간 복수가 왔었거든요. 그냥 몸 전체가 안 좋아요. 엄마가 엄청 약해요. 저희 엄마가 저보고 대학교는 가지 말라고 했어요. 근데 배워야 할 거 같거든요. 아는 게 있어야 나중에 뭐라도 할 거잖아요.

대학에 대한 두려움이 있나요? 혹시 선택 장애 같은 거요?

북한은 딱 하라는 대로만 하면 되거든요. 근데 남한은 아니더라고요. 내가 선택해서 뭔가를 해야 돼요. 대학교에서 뭔가를 배울 것인지 아니면 그냥 어린 나이라도 그냥 일을 할건지 뭔가 선택을 해야 되잖아요. 근데 선택을 못하겠는 거예요. 1년 뒤에는 막 선택 장애가 온 거예요. 어느 것이 옳은 것인지 몰라서요. 어떤 걸 선택해야 후회를 안 할 수 있을까 이런 생각만 한 거죠.

북한 대학에서도 농활을 하나요? 일종의 농촌 지원 같은 거요.

봄이랑 가을마다 농촌 지원이라고 해서, 학교들마다 농촌 지원을 나가요. 근데 그때 나갈 때 남녀 다 같이 합숙할 거잖아요. 봄에 갈 때는 모내기를 해요. 그리고 가을에 갈 때는 담배 따기를 해요. 봄, 가을 다 대학교 동기들끼리 같이 가고 그렇잖아요. 농촌 지원 나가서 연애를 많이 해요.

북한도 대학교 레벨이 중요한가요? 사립대학은 있을까요?

북한은 원래 2년에서 3년 정도 다니는 전문학교가 있고요. 4년에서 6년 정도 다니는 대학교가 있어요. 그런데 2015년에 고등교육법을 개정해서 이걸 다 대학으로 합쳤습니다. 현재는 종합대학이 있고 의대나 공대 같은 단과대학이 있고, 직업기술대학 공장대학 등이 있는데요. 남한의 대학원에 해당하는 것은 박사원이라고 또 있습니다. 이 모든 것은 다 국가에서 승인하는 국립이고요. 사립대학은 존재하지 않습니다. 어쨌든 북한에서도 사회적으로 굉장히 성공하고자 한다면 좋은 대학을 나오는 것이 굉장히 중요해서 모든 학생이 좋은 대학을 가기 위해 많이 노력하고 있다고 보시면 됩니다.

북한에서 유명한 대학은 어디인가요?

북한에도 대학 순위가 있고 또 유명한 대학들도 있어요. 김일성 종합대학, 그리고 제가 다녔던 김책공대, 그리고 평양의학대학입니다. 이 세 대학은 뉴스에도 자주 나옵니다. 지난해 북한 정권 수립 73주년을 맞아 열린 대규모 심야 열병식 청년과 학생들도 행진에 참가했는데요. 그 선두에 선 것은 김일성 종합대학 학생들입니다. 강한 혁명성과 집단주의 정신을 지닌 아들딸들이 나아갑니다. 그 뒤를 이어서 김책공업종합대학 학생들이 등장합니다. 올해로 개교 76년을 맞은 김일성 종합대학에는 15개 학부, 50여 개 학과에서 1만 2천여 명의 학생이 재학 중인데요. 전공별로 강의실이 특화돼 있고 실내 수영장과 오락시설까지 갖추었다고 합니다. 평양 대동강변에 있는 김책공업종합대학는 북한의 과학 무기 개발을 지탱하고 있는 대학이라 해도 과언이 아닙니다.

유명한 대학에 다니는 북한 학생들의 자존심은 어떤가요?

소위 명문대라고 하는 대학을 다니는 학생들은 자존감도 높습니다. 특히 김일성종합대학 다니는 학생들은 남한의 서울대 이상이면 이상이지, 더 못하지 않은 것 같습니다. 그 프라이드가 엄청납니다. 실력으로 보면 김책공업종합대학 학생들이 머리도 좋고 공부도 잘한다는 생각이 있지만 김일성종합대학 학생들 입장에서는 어디 '김책'의 이름을 김일성에 비교하려고 하냐?'라는 식으로 장난을 칠 정도로 프라이드가 엄청납니다.

북한 대학도 학점제인가요?

저도 대학을 다니면서 그게 가장 좀 혼란스러웠어요. 북한 대학은 학점제가 아닙니다. 한국은 매 과목마다 학기 말에 A+부터 F까지 점수를 받잖아요. 하지만 북한의 대학생들은 대학 입학도 같이 하고 졸업도 다 같이 하는 게 일반적입니다. 학점은 따로 없어요.

북한도 휴학이 있나요?

휴학이 있기는 하나, 거의 없다고 보면 됩니다. 휴학은 중병에 걸리는 등의 아주 특별한 경우에만 허용됩니다. 또 휴학과 복학이 자유로운 한국의 대학생들하고는 다른 모습인데요. 개인 사정이 있거나 법적 처벌로 퇴학을 받는 학생을 제외하고는 모두 함께 입학하고 졸업하게 됩니다. 시험은 또 학기별로 나누어서 치르게 되는데요. 교수가 낸 시험문제를 통과하지 못한 학생은 추가 시험을 통해서 점수를 받기도 합니다.

북한도 대학졸업 증명서가 중요한가요?

김책공대라고 하면 공부에 뜻을 둔 학생들, 그리고 머리가 좋은 학생들이 많이 가는 곳이에요. 김책공대는 졸업생이 그렇게 많지 않아요. 또 대학 개수도 적고 그러다 보니까 대학에서 뭔가를 배우는 것도 중요하겠지만 대학 졸업장이 사실 엄청 중요하거든요. 기왕이면 더 좋은 김일성 종합대학 같은 데를 가고 싶어 해요. 그런데 경제 사정이 안 된다거나 하면 학생들은 오로지 김책공대라든가 리과대학에 가는 경우가 있습니다.

북한 대학은 시간표가 짜여 있나요?

한국에서는 대학생들이 직접 본인의 시간표를 만들어서 신청할 수 있다는 점이 장점인 것 같아요. 제가 북한 김책공업종합대학에서 3학년까지 공부하다가 유학을 나왔는데, 3학년까지 제가 수업시간표를 만들어 본 적은 없습니다. 학과 사무실에서 작성된 시간표대로 공부만 했을 뿐입니다.

북한 대학에서 꼭 들어야 하는 수업이 있을까요?

교과목을 봤을 때 한국 대학교랑 비슷하긴 하죠. 교양과목도 있고 전공과목도 있고요. 좀 특이한 게 뭐냐면 '김일성 김정일 혁명 역사'가 있습니다. 그런데 정치 과목들은 사실 외우는 과목이거든요. 그런 과목들의 점수가 낮으면 졸업하더라도 낮은 점수 때문에 정치적으로 준비가 덜 된 사람이다라는 평가를 받아요. 그러면 좋은 데에 갈 수도 없고, 못 갈 수도 있어요. 그렇기 때문에 저런 과목은 싫어도 꼭 암기해서 좋은 점수를 받아야 해요.

교복 입는 북한 대학에 대해 어떻게 생각하세요. 그리고 머리 스타일 단속도 하나요? 교복을 입으면 구두를 신어야 하나요? 그리고 학교식당 음식은 어때요?

북한에서는 대학생들이 교복을 입어요. 여긴 고등학교 때는 교복을 입잖아요. 북한에서 교복을 입을 때 제일 중요한 것은 머리 스타일이거든요. 머리카락이 길면 안 돼요. 여긴 대학생들이 무조건 자유롭게 하고 다니잖아요. 대학생이나 고등학생이나 다 자유잖아요. 그런데 북한에서는 머리카락을 묶을 수도 없고 길 수도 없어요. 그리고 구두도 신을 수 없어요. 신의주에서 나오는 신의주 운동화만, 편리화만 신을 수 있어요. 그리고 북한 대학교에는 학식이 없어요. 도시락을 싸들고 가거나, 아니면 주변에 나가서 밥을 먹고 오거나, 집에 가서 밥 먹고 오는 그런 문화예요. 북한의 교복은 시대의 흐름에 따라 계속 변해왔는데, 최근 교복은 남녀 모두 회색 재킷에 정장 차림이에요. 여학생의 경우는 큰 행사가 있을 때에는 하얀 저고리에 검은색 치마를 입고, 교복은 전국적으로 동일한 디자인이에요. 단 2~3년제 전문대학교는 4년에서 6년제인 일반 대학교의 교복과 약간 차이가 있어요. 북한의 대학생들은 의무적으로 교복을 착용해야 하고, 청년동맹원이기 때문에 동맹원증도 반드시 착용하고 다녀야 해요. 또한 북한 대학생 중에는 군복무를 마친 제대군인도 있기 때문에, 당에 입당한 학생이라면 당원증도 지니고 다녀야 해요. 북한 대학생들에게는 교복이 무상으로 지급되는 게 원칙이지만 1990년대 경제난으로 인해서 무상 지급이 어려워지기도 했어요. 하지만 2010년대 교복 디자인이 다시 바뀌면서 전면 무상지급으로 바뀌었다고 하더라구요.

북한에도 방학이 있어요?

북한 대학교에도 당연히 방학이 있죠. 여름방학과 겨울방학이 있는데 저희는 8월에 방학해요. 8월 1일부터 8월 24일 정도까지가 방학이에요. 한 달이 채 안 돼요. 왜냐면 그 중간에도 학교를 나가야 하니까 그래요. 계속 불러내거든요. 한국은 방학이 되게 길잖아요. 제가 알기로도 6월부터 8월 말까지 되는 걸로 알고 있어요. 제가 작년에 방학했는데, 내가 학교를 다니고 있는 건지 잘 모르겠더라구요. 학생이 아닌 것 같은 느낌도 받았어요. 왜냐면 방학이 너무 길어서 너무 지루한 거예요. 북한은 3월에 방학을 주고, 4월 1일 개교거든요. 한국은 3월 2일 개교잖아요. 북한은 4월 1일 개교예요. 모든 학교가 그래요. 그래서 3월에 방학하는데, 3월 방학은 진짜 얼마 안 돼요.

북한 대학 학생들은 배지(badge)를 달고 다니나요?

대학명을 새긴 배지를 왼쪽 가슴에 달고 다니는데요. 사실 김일성종합대학이나 김책공대 학생들은 잘 달고 다녀요. 왜냐하면 자랑스러우니까요. 근데 그 이외의 대학들은, 예를 들어 김일성 종합장 앞을 지나갈 때는 본인 배지를 쓱 뗐다가 지나간 다음에 다시 다는 식이에요. 김일성종합대학은 특이하게 김일성 자필로 배지가 디자인되어 있거든요. 또 김책공업종합대학은 특이하게 모양이 기울어진 평행사변형 모양이라서 멀리서 보면 딱 보이거든요. '저건 김책공대 애들이구나.' 이런 식으로요. 북한의 명문대 특징 중 하나가 주로 좋은 대학에는 김일성 일가에 관련된 사람들이 들어간다는 거예요. 그리고 김책공대 같은 경우에는 '김책'이 '김일성의 최고 측근'이라고 알려져 있죠. 어쨌든 김일성 종합대학 같은 경우에는 김정일이 여기 대학을 나왔으니까 권력자들을 배출하는 최고의 산실이라고 생각하면 되겠습니다. 그러니까 이 학생들의 프라이드는 엄청나다고 할 수가 있죠.

캠퍼스 커플(CC)을 기대할 수 있을까요?

북한에는 대학 생활이 워낙 제한적이다 보니까 남한과 같은 대학 생활을 기대하기는 어려워요. 그래서 CC라고 불리는 캠퍼스 커플을 기대할 수가 없어요. 사실 북한에서는 CC 커플 같은 게 잘 나오지도 않구요. 남한에 비하면 북한에서의 대학 활동이 제한적인 편입니다. 남한에서 흔히들 가는 MT라든가 O.T 같은 활동도 따로 없고요. 남한처럼 동아리를 따로 만들어서 활동하지도 않습니다. 북한에서는 만 14세가 되면 노동당의 외곽단체인 청년동맹에 가입하게 되는데요. 대학생들은 청년동맹원이기 때문에 대학 내 청년동맹에서 진행하는 정치 행사에 주로 참여하고 있습니다. 하지만 각자의 취미에 따라서 예체능 행사에도 참여하게 되고요. 또 남한에서는 대학교의 로망이 바로 캠퍼스커플이잖아요. 하지만 과거에 북한에서는 대학교 내에서의 연애 사실이 밝혀질 경우, 청년동맹에서 비판을 받거나 사상개조의 대상이 되기도 했어요. 심할 경우에는 퇴학까지 당하기도 했었습니다. 하지만 김정은 국무위원장이 취임하면서부터는 연애에 대한 사회적 인식이 다소 누그러졌다고는 하더라구요. 요즘 북한 주민들 이야기를 들어보면 그렇더라구요. 물론 공개적으로 연애하기는 좀 어렵지만 과거에 비해서 대학가에서도 자유연애가 급증했다고 합니다.

북한 대학교에서도 술을 마실 수가 있어요?

캠퍼스 문화 중에 한국에 와서 놀랐던 것 중에 하나가 술을 많이 마신다는 것이었어요. 일단 대학생들이 캠퍼스 안에서 엄청나게 술을 마신다거나 연애한다든가, 또 동아리 활동을 하는 게 정말 신기했습니다. 북한에서는 술 마시고, 동아리 활동하는 게 당연히 안 돼죠. 사실 이런 것은 대학생들의 자율적인 활동인 거잖아요. 북한은 어려워요. 동아리 활동 같은 경우에, 대학생들만의 자율적인 동아리 활동 자체가 거의 없습니다. 그럴 시간도 없고요. 술 마실 시간도 없구요. 왜냐하면 북한에서 수업은 오전 8시에 시작해요. 한 강의가 90분인데, 그런 강의를 오전에 3~4개 정도 들어요.

3장 한국 대학생활 적응 :
자유로운 일상, 캠퍼스 로망, 꿈과 고민

20대 북한이주 청년들의 한국 대학 생활 적응[12]은 어떠할까? 두 명의 북한이주 여성 청년들의 담화를 통해 그들의 적응기를 살펴보자. 이 장에서는 위의 사례 3에서 보여준 형식처럼, 하나의 질문에 대한 두 사람의 답변을 적절하게 수정 정리했음을 밝힌다.

자유로운 일상을 살아가는데, 기분이 어때요?

20대가 되니까 어떤 제약 같은 게 좀 풀려서 할 수 있는 것들은 훨씬 많아진 것 같아요. 예를 들면 10대 때는 '집-학교-집-학교-학원' 이런 식으로 약간 루틴화된 생활을 했다면 지금은 동아리 활동도 하고 많은 사람도 만나고, 술도 마시고 하잖아요. 이처럼 다양한 사람을 만날 수 있어서 좋아요. 근데 한편으로는 20대가 자유롭기는 하지만 부담스럽기도 해요. 성인이 되니까 책임감도 높아지는 것 같구요. 모든 걸 제가 스스로 책임져야 한다는 것에 대한 두려운 마음도 있어요.

북한보다 빡센 남한 대학의 군기

저는 일단 북한에서 대학교에 다니다가 왔어요. 그리고 한국에 와서도 대학교에 다니고 있어요. 일단 북한의 대학교는 학번이 없어요. 한국은 학번을 되게 중요시 하더라구요. 남한에서는 "선배님, 선배님." 막 그래요. 제가 선배님한테 군기를 당해봤어요. 한국에 딱 온 이유는 자유를 원해서였거든요. '정말 대한민국은 살기 좋은 사회다.'라고 생각하고 왔어요. 여기는 어쨌든 자유민주주

---

12   20대 탈북민 대학 적응기 대학의 로망 VS 현실 [ep.4 우리 대학일지],
     〈https://www.youtube.com/watch?v=Yq1YyzkfS7s〉

의 국가잖아요. 제가 전문대를 16학번으로 들어갔어요. 이번에 들어간 곳이 세 번째 대학교라서 두 번째 대학교에 들어갔을 때 얘기예요. 선배들이 모이라고 했는데, 1초, 3초 지각했다고 하는 거예요. 제가 다시 타임머신을 타고 북한에 간 느낌인 거예요. 선배들이 새벽 집합을 시키는 거예요. 그리고 선배님한테도 "안녕하십니까? 선배님. 16학번 뮤지컬 전공 누구입니다." 이렇게 하라는 거예요. 저는 사실 잘못한 거 없거든요. 그런데도 목에 핏대를 세우고 "안녕하십니까?" 이렇게 소리치라는 거예요. 그때 진짜 어이가 없어 가지고, 내가 학교에 다닐 수는 없겠다 싶었어요. 내가 다닐 학교가 아니다 싶었죠. 그래서 제가 교무과에 가서 선생님한테 "사실 내가 북한에서 왔는데 북한에서도 이렇게까지 안 한다, 이게 남한인지 북한인지 가늠이 안 된다." 그랬거든요. 이게 너무 안 좋았어요. 그래서 그 학교에 자퇴서를 냈어요. 제가 어느 학교인지는 밝히지는 않겠지만, 그 학교가 저한테는 너무나 안 좋은 기억으로 남아 있어요. 북한에서는 대학에서 군기 잡는 거 없어요. 정말로 다 '오빠', '언니'로 지내고 그래요. 북한에는 대학교가 군대 문화인데도 군기 잡는 게 없어요. '중대장, 소대장, 부소대장' 이런 개념으로 가기 때문에 '소대장' 같은 경우에는 제대군인들이 많이 해요. 제대군인들이 하기 때문에 '소대장 동지' 막 이렇게 동지라고 불러요.

또래에 비해 나이 많은 학생인가요?

북한에서 할아버지가 교수님이셨어요. 그 덕분에 거기 초등학교가 4년 과정인데, 4년 동안 배울 교재를 다 집에서 보고 들어간 거예요. 그러다 보니까 들어가서 배운 내용이 다 아는 거라서, 별로 할 게 없어서, '아, 나는 천재구나.'라고 생각했어요. 그리고 시험을 봐도 맨날 제일 높은 점수를 받았어요. 북한은 김 씨 일가에 대한 교육이 제일 우선시되다 보니까, 그 내용만 달달 외우면 공부 잘한다고 인정해 주거든요. 근데 한국에 오니까, 북한에서 받은 교육은 별로 필요가 없잖아요. 거의 영어나 컴퓨터 이런 식의 교육이 필요하니까, 제가 남한에서 수업을 들을 때는 힘들었죠. 그리고 한국에 왔는데, 같은 또래거나 좀 일찍 왔으면 친구들일 텐데, 그러면 한국 애들하고 잘 어울렸을 텐데 나이가 스스로 많다고 생각해서 그 친구들이랑 많이 못 어울렸던 것 같아요. 그게 아쉬워요. 저를 설명하고 친구들한테 이해시키려고 했던 게 너무 벅차고 힘들어서, 한국 친구들을 좀 피했던 기억이 있어요.

북한 억양은 고치기가 어렵죠? 어쩔 수 없는 것 같아요.

저는 사실 북한 억양이나 이런 게 티가 안 나서 굳이 밝히지 않았거든요. 그리고 북한에서 왔다는 것도 밝히기 싫었고요. 근데 제 의도와 맞지 않게 애들이 알게 됐죠. 어쩌다가 제가 쓴 자기소개서를 보게 됐어요. 그리고 내가 "사실 나는 북한에서 왔고, 우리 아빠가 김정은이잖아." 이렇게 장난쳤어요. 그런네 남한 친구들이 제가 한 이야기를 장난으로 받아들이더라고요.

한국에 와서 CC를 해봤다든가, 미팅도 해봤어요?

신촌, 홍대, 건대 가서 보통 3대 3으로 미팅을 많이 했거든요. 어색하게 기다리고 있으면 남자들이 와요. 와서 자기소개하고 그래요. 그리고 캠퍼스 CC를 하고 싶은 로망도 있잖아요. 그랬는데, 저는 대학교 들어가기 전에 이미 남자친구를 사귀고 있어 가지고, 미팅도 잘 못 해봤어요. 그게 너무 아쉽고 화가 나요. 제 로망 중에 하나가 CC가 되는 거였거든요. 너무 드라마를 많이 봐서 그런가?

한국에서 당장 하고 싶은 게 있어요?

일단 바디 프로필 사진을 올해 안에 찍고 싶어요. 제일 예쁜 제 몸을 사진으로 남기고 싶거든요. 그리고 피아노를 치고 싶어요. 제 꿈이 긴 머리 날리면서 피아노를 예쁘게 치는 거였거든요. 근데 한 번도 해본 적이 없어요. 그냥 피아노 앞에 앉아만 있어 봤지, 실제로 해본 적이 없어서 꼭 해보고 싶어요. 멋지지 않아요?

미래의 꿈은 설계했나요?

지금 솔직히 말씀드려서 진로기 확실하지 않아요. 뭘 해야 될지 모르겠어요. 꿈도 없고 그래서요. 그래서 어떠한 꿈보다는 방향성을 잡고 그거에 가치를 두고서 나아갈지 고민하는 중이에요. 빨리 제 미래를 좀 찾았으면 좋겠어요. 대학 생활을 하는 동안에, 제 가치관이라든가 아니면 내가 가야 할 방향을 정할 수 있었으면 좋겠어요.

후배들에게 보내는 편지

이 글을 읽고 계신 여러분은 아마 각자의 길을 찾아가는 중일 것입니다. 저 역시 이 책에서 소개된 주인공들과 같은 북한이주민이자 대학생으로서, 많은 고민과 불안 속에서 방황했던 시절이 있었습니다. 물론 지금도 그런 상황에서 온전히 벗어났다고 말할 수는 없겠습니다. 그럼에도 이 챕터에서 제 경험을 공유해드리고 싶습니다. 무엇을 해야 할지, 어느 학교에 가야 할지 저 역시 막막했으니까요. 하지만 돌이켜보면 과거의 경험이 현재의 저를 형성한 주요 요인이 되었습니다. 여러분의 심정을 공감하며 그 여정을 나누고자 합니다.

어두운 터널을 지나.

대학을 앞두고 고민하던 그 시절은 마치 어두운 터널을 지나고 있는 듯한 느낌이었습니다. 〈하나원〉에서의 진로 상담은 제게 심리적으로 힘이 되었다기보다는 '평범한 사람'으로 살아야 한다는 낙인처럼 여겨졌습니다. 상담을 받을 때마다 "난 이걸 할 수 없는가?"라는 생각에 사로잡혀 한동안 길을 잃은 듯한 기분을 느꼈습니다. 상담사가 의사나 변호사 같은 직업은 갖지 못한다는 쪽으로 말씀을 해주셨으니까요. 이러한 경험은 저에게 큰 좌절감을 주었지만, 그 덕분에 더 강한 의지를 갖게 되었습니다.

하지만 저는 결국 대학 진학을 선택했고, 이 선택은 제 인생에서 큰 전환점이 되었습니다. 그 과정은 심리적으로 극복해야 할 난

관이었습니다. 경제적으로도 안정감을 확보해 나가야 했으며, 편견과 고정관념과도 싸워야 했습니다. 하지만 강한 의지 덕분에 이 모든 과정을 혼자 감당하며 성장할 수 있었습니다. 돌이켜보니, 이 모든 어려움이 저를 더욱 단단하게 만들어 주었다고 믿습니다.

대학 생활, 꿈을 향한 첫걸음

대학 생활은 우리의 꿈을 향해 나아가는 첫걸음입니다. 낯선 환경 속에서 새로운 사람들을 만나고, 다양한 경험을 하면서 성장할 수 있는 소중한 시간입니다. 하지만 대학 생활이 항상 즐겁고 행복한 것만은 아닙니다. 학업적인 어려움은 물론 경제적인 부담, 그리고 정체성에 대한 고민까지, 우리는 많은 어려움에 직면하게 됩니다. 그 수많은 어려움 속에서도 포기하지 않고 끝까지 노력하면서 자신만의 괴로움과 아픔을 누군가와 공유할 수 있다면, 밝은 빛은 항상 여러분을 향해 비출 것입니다. 여러분도 힘든 순간이 온다면 주변 사람들에게 도움을 요청하고, 스스로 격려하며 용기를 내시기 바랍니다.

현재 저는 대학 3학년에 재학 중입니다. 그동안의 경험을 돌아보면 기쁨과 아쉬움이 공존합니다. 학문적 성취뿐만 아니라 인간관계와 자기 성장에 있어서도 많은 것을 배우게 되었습니다. 특히 다양한 사람과의 만남은 저에게 많은 영향을 끼쳤습니다. 서로 다른 배경을 가진 친구들과의 교류는 제 시각을 넓혀주었고, 그들과의 소중한 경험은 제 인생의 자산이 되었습니다. 각기 다른 문화와 가치관을 가진 친구들과의 대화는 저에게 새로운 통찰력을 주었고, 이는 제가 더 넓은 세상을 이해하는 데 큰 도움이 되었습니다.

최근에는 회계 법인에서 인턴으로 일하게 되었는데, 이로 인해 제 자신에 대한 기대가 더욱 커졌습니다. 이 일이 저를 더욱 성장하게 할 것이라 믿고 있습니다. 현장에서의 경험은 실무 능력을 키우는 데 도움이 될 것이고, 매일 새로운 과제를 해결하고 배우는 과정은 저에게 큰 삶의 자극이 될 것입니다.

대학 기간 중 이루고 싶은 목표 5가지

우리의 꿈은 무한합니다. 저는 대학 기간에 이루고 싶은 목표를 5가지로 정리했습니다. 영어 토플 110 이상 얻기, 로스쿨 입학하기, 공인회계사 자격증 취득, 7권의 ○○문학 탄생시키기, 정부 기관에서 '○○연구소'의 펀드 받기. 이 목표들이 정말로 실현되리라는 보장은 없습니다. 하지만 이 목표들은 저를 더욱 단단하게 만들고, 대학생활의 즐거움을 안겨주며, 그 과정에서의 성취를 느끼게 해줄 것입니다. 목표를 세우고 달성하는 과정은 제게 큰 동기부여가 됩니다. 구체적으로 목표를 세워야 그것을 이루기 위한 계획도 구체적으로 세울 수 있습니다. 그래야 이를 실행하는 데 더욱 집중할 수 있습니다.

때로는 길이 거칠고 험난할 수 있지만, 그런 역경이 저를 더욱 성장시키는 원동력이 되리라 믿습니다. 여러분도 각자의 목표를 세우고, 그 목표를 향해 흔들림 없이 나아가길 바랍니다. 목표가 구체적일수록 그것을 이루기 위한 계획과 실행이 쉬워질 것입니다. 우리의 목표는 꿈과 연결되어 있기에, 그것이 현실로 이루어질 수 있도록 끊임없이 노력해야 합니다.

마지막으로 여러분의 대학 생활과 그 이후의 여정이 성공적으로 이루어지기를 진심으로 바랍니다. 여러분의 꿈을 향해 나아가는 그 길에서 제가 항상 응원하겠습니다. 힘든 순간이 오더라도 포기하지 마시고, 여러분의 길을 끝까지 걸어가기를 바랍니다. 우리는 혼자가 아닙니다. 같은 꿈을 꾸는 많은 친구가 여러분 곁에 있을 것입니다. 서로를 응원하고 지지하며 함께 성장해 나갑시다. 우리의 미래는 우리 손으로 만들어가는 것입니다. 여러분이 꿈꾸는 모든 것이 이루어지기를 바라며, 그 여정에서 항상 긍정적인 변화가 함께하길 기원합니다.

2부

(생생한 인터뷰
사례로 살펴보는)
북한이주
청년들의 증언

이 장에서는 탈북이라는 고난과 역경을 딛고 미래를 꿈꾸며 성장을 경험한 몇
몇 북한이주 청년들의 이야기를 전하고자 한다. 그들이 지닌 신념과 의지를
되짚어 보고, 성공으로 이끈 요인들이 무엇인지 살피고자 한다.

1장 19세 소녀의 순박한 낭만

* 인터뷰 일시 및 장소 : 2024년 5월 4일 토요일,
　　　　　　　　　　　　오후 1~5시(경기도 파주)
* 인터뷰어 : 전주람
* 인터뷰이 : 설예슬(가명)
　　　　　　　(2019년 입남, 혜산, 파주 거주 여성, 19세)
* 내용 구성 및 정리 : 곽상인

2024년 5월 4일, 황금연휴를 앞두고 파주로 향했다. 설예슬과 만나 무슨 얘기를 나눠야 하나 생각하면서 운전했는데, 벌써 그녀의 집 앞에 도착했다. 가는 길에 문자를 보냈지만 설예슬로부터 답장이 없었다. '오늘도 자고 있으려나?' 종종 그녀는 집 앞에서 깨워야 밖으로 나오곤 했다. 약속 시간이 됐는데도 나오지 않아서 연락했더니, 역시나 자고 있었다고 했다. 차 안에서 20분 정도 기다렸는데, 그녀가 목발을 짚고 나왔다. 이유를 물었더니, 친구와 놀다가 넘어졌다고 했다. '어떻게 놀았기에 목발을 짚었을까.'

고3 생활을 보내고 있을 터라, 그녀가 공부와 진학으로 인해 어두운 낯빛을 보일 거라 생각했는데, 담담한 여유를 보여줘서 한편으로 다행이다 싶었다. 잠깐의 인사를 마치고 우리 두 사람은 인터뷰를 하기 위해 색다른 카페를 찾다가, '라면 카페'라는 곳을 발견했다. '바로 저기다.' 싶어서 문을 열고 들어갔다.

내부 공간이 생각했던 것보다 쾌적했고, 종류별로 진열된 라면 자판기가 보였다. 직접 끓여 먹어야 한다는 점이 귀찮을 거 같았지

만 왠지 모르게 설렜다. 설예슬이 목발을 짚고 다녀 불편한 점이 있었으나 꽤 재미있는 시간이었다. 가끔 나는 작아진 옷이나 사놓고 입지 않은 옷을 그녀에게 주곤 했는데, 이번에도 몇 개의 입을 만한 옷을 들고 왔다. 그녀는 마음에 흡족한 표정을 지었다. 웃음을 보니 다행이다 싶었고, 그래서 우리는 커피를 마시며 본론으로 들어갔다.

〈설예슬 인터뷰이〉

전 : 여기 언제 왔는지 간단히 소개해줄 수 있을까?

설 : 2019년도에 혜산에서 왔어요. 이미 잘 아시잖아요. (웃음)

전 : 그래. 벌써 몇 번 우리 만났으니까. 네가 왔을 때 몇 학년이었지?

설 : 저는 15살 때 왔는데, 학교를 중학교 1학년부터 다니고 싶어서 1년 늦게

갔거든요. 지금 그게 좀 후회 중입니다.

전 : 아, 1년 늦게 들어갔다고 했지. 이제 고 3이고 내년에 대학교 갈 생각이야?

설 : 맞아요. 내년에는 이제 대학에 가려고 해요.

전 : 그렇구나. 여기 온 지 벌써 5년이 돼가는구나. 5년 살아보니까 어때?

설 : 한 마디로, "빡세다!"(웃음)

전 : 빡세다? 뭐가 가장 빡센 거야?

설 : 공부에 대한 스트레스가 엄청난 것 같아요. 뭐라고 해야 될까? 여기 있는 애들은 인생에서 공부만 있는 것처럼 해요. 선생님들도 그렇게 압박을 준다고 해야 될까요?

전 : 진짜?

설 : 인생에서 재밌는 게 엄청 많긴 하잖아요. 물론 공부하면 여러 가지를 더 누릴 수 있다지만, 좀 도가 지나치다고 할까요?

전 : 음, 그렇구나. 근데 또 공부도 안 할 사람은 안 하잖아.

설 : 그렇죠. 안 할 사람은 안 하긴 하는데 뭐라고 해야 되지? 안 하는 사람을 약간 도태된 인간으로 본다고 해야 할까요? 그런 게 좀 있더라구요.

전 : 그렇구나. 옆사람에 비해 떨어지면 도태되는 느낌을 받을 수도 있지.

설 : 저는 딱히 뭐를 안 해도 상관없어요. 근데 공부 안 하는 애를 약간 꼴통으

로 본다든가, 도태된 인간으로 보니까 힘들죠. 어른들이 우리한테 "공부 잘 하냐 못하냐?"를 물어보고, "학교 어디 다니냐?"고 하잖아요. 여기는 비평준화거든요. 그니까 성적으로 학교에 합격하잖아요. 그러면 어른들이 우리가 어느 학교에 다니는 걸 보고, '공부 잘 했네, 못했네.'를 판단하잖아요. 일단 물어본 후에 우리가 어느 학교에 다니느냐에 따라 어른들의 태도가 확 달라져요.

전 : 그치. 그런 분들이 있지. 그렇게 느끼는구나. 그럼 고향은 어땠어?

설 : 제가 여기서 지금 학교밖에 다녀본 데가 없어서 잘 모르겠는데요. 아무튼 북한은 어린 나이에 즐길 게 많아요. 근데 여기 애들 보면 학원을 10시까지 다니거든요. 이러는 거 보면 얘네가 인생을 좀 즐겁게 사는지 아닌지를 잘 모르겠어요. 어렸을 때 꼭 즐길 만한 그런 게 많잖아요. 친구들과 흙에서 놀고, 먼지 먹고 이러면서 웃고 그러는데, 여기 애들은 그런 거를 거의 못 느끼는 것 같더라고요.

전 : 공부를 중요시하는 한국에서 살아보니까 어때? 공부를 잘하고 열심히 하는 쪽으로 가게 돼? 아니면 공부를 열심히 안 하는 쪽으로 가게 돼?

설 : 반반인 것 같아요. 어떤 때는 '나도 열심히 해야 되는데.' 이런 마음이 들었다가, 또 어떤 때는 '저렇게까지 열심히 해서 얻는 게 과연 뭘까?' 싶든요.

전 : 근데 언젠가 네가 영어, 수학 2등급 올리려고 미친 듯이 공부하고 성적 올렸다고 했던 적 있잖아. 그렇게 공부를 열심히 하는 이유는 뭘까?

설 : 대학교에 가야 하니까 성적을 올려야 해서 한 거죠.

전 : 아, 대학 가려고 하는구나.

설 : 아마 다들 비슷한 마음인 것 같긴 해요.

전 : 맞아. 근데 넌 어떤 이유로 대학교에 가려고 할까? 사실 뭐 대학교에 안 가
도 재밌는 거 할 수 있잖아.

설 : 맞아요. 안 가도 상관없는데 저는 대학교에 가고 싶었어요. 물론 엄마가 막
공부하라고 시켜서 하는 것도 있어요. 저보다 먼저 탈북하신 엄마요. 처음
에는 대학에 굳이 가야 하나 이렇게 생각했는데, 여기 와서 생각해 보니까
제가 가고 싶어 하더라고요. 어렸을 때 제가 사탕 팔러 다니고 장사했다고
그랬잖아요. 장사하러 가는 길에 대학교가 있었어요. 농업대학교가 있는
데 아무튼 대학교예요. '저기엔 어떤 사람들이 갈까?' 싶었죠. 부럽기도 했
고. 주위에서 사람들이 "저기 들어가면 돈도 많이 든다." 이런 말을 하고
그래서 부러웠죠. 저는 돈이 없으니까 저런 데 못 가겠지 생각을 했어요.
그래서 한번 저런 데 가서 나도 대학생이라는 거를 해보고 싶다고 생각했
죠. 거기는 대학생 교복이 따로 있거든요. '저런 거 입어보고 싶다.'는 생각
을 했죠.

전 : 아, 그랬구나. '대학생'이라고 하면, 우러러보는 게 있구나.

설 : 네. 대학교 가는 사람이 거기는 진짜 흔하지 않아요. 여기는 4년제든 지방
대든 전문대든 다 가잖아요. 거긴 대학교에 몇 명 안 가요. 거의 다 고등학
교 졸업하면 바로 직장 다니고 그래요.

전 : 그럼 대학교에 간 사람들은 우월의식이 있겠네. 남들에게는 부러움의 대
상이기도 하고?

설 : 네. 그런 면이 있어요. 대학교 다니는 사람들 보면 자녀가 있는 사람들도
좀 많았거든요. 다들 보면 부인이 돈을 벌어가지고 남편 대학교 가는 데 뒷
바라지도 하고 그러더라구요.

전 : 그래? 나이 많은 학생이 많나봐? 근데 북한은 대학등록금이 공짜 아니야?

설 : (웃음) 거기 다 무상 교육이라고 말로는 그렇지만, 돈 내는 게 너무 많아요.

전 : 아, 하긴 말로는 무상이라 하지만 북한분들 인터뷰하다 보면 어릴 때 TV 산다, 교실에 뭐를 만든다고 해서 애들한테 돈 걷고 그랬다고 하더라. 맞지?

설 : 네. 맞아요. 일단 초등학교부터 교실마다 페인트칠하는 것부터 저희가 돈을 내죠. 거기는 말만 무상이죠. 실상은 다 걷어요. 저 어렸을 때는 돈 안 낸 애들 일어서라고 해서, 진짜 애들 앞에서 얼굴 들기가 창피했던 기억이 있어요. 그렇게 대놓고 창피를 주는 것 같아요. 어느 날, 제가 애들 앞에서 계속 일어나 있었는데, 그 어렸을 때 받았던 수치스러움과 창피함이 몸에 완전 남아있죠. 아무튼 저는 대학교를 볼 때마다 가고 싶었어요. 지나가는 길에 있는데, 학교가 건물이 넓고 외관도 예쁘고 대학생들 교복도 예뻐서 얼마나 부러운지. 저는 갈 형편이 못되니까 계속 저를 세뇌시켰어요. '나는 저런 데 안 가고 싶어.'라고요. 근데 실상은 엄청 가고 싶었던 것 같아요.

전 : 북한 대학교 교복 입는 거 신기하다. 여긴 교복 안 입거든.

설 : 그렇죠. 대학생 교복이 여학생 여름에 입는 한복 같은 흰색 옷이에요. 근데 뭐랄까, 천이 무겁게 툭 떨어지는 건데요. 위에는 파란색, 아니 위가 흰색이었던가, 아니 밑이 파란색이었나? 둘 다 흰색이었나 헷갈리는데요. 아무튼 옷이 무게가 있는 편이어서 툭 떨어지는 거거든요. 근데 그게 그렇게 예뻐요.

전 : 옷이 약간 한복 스타일이야?

설 : 네. 한복인데 화려하거나 레이스가 있거나 하진 않아요. 그냥 천 하나로 이렇게 쭉 되어 있는 건데, 깔끔하고 예쁘게 보이거든요.

전 : 그럼 남자는 뭐 입어?

설 : 남자는 한복이 아니에요. 남자는 모자 쓰고 양복 같은 거였어요. 그게 좀 의문이긴 해요.

전 : 진짜 신기하다. 여자만 한복을 입는 거야?

설 : 거기는 결혼할 때도 여자는 한복, 남자는 양복 입어요.

전 : 난 다 한복 입는 줄 알았는데. 지역마다 다른가 보네.

설 : 남자는 한복을 안 입어요.

전 : 너무 언밸런스한데? 대학교 갔는데 여자는 한복인데 남자는 양복이라? 좀 상상이 안 간다.

설 : 근데 이게 한복이라기보다 교복 느낌이에요. 뭐라고 해야 될까. 저는 그게 진짜 예뻤어요. 너무 부럽고 예뻤어요. 그게 너무 부러워가지고 '나도 크면 저거 꼭 입어봐야지.' 그랬죠.

전 : 그렇게 가고 싶던 대학 입학이 내년에 오는 거네? 여기는 교복이 없지만. 대학교 하면 어떤 이미지가 떠올라?

설 : 저는 항상 사람들이랑 있는 걸 좋아해가지고. 친구들이랑 함께 공부하고 음료를 마시고 저녁도 같이 먹고 할 거예요. 그리고 인생이나 앞으로의 계획에 대해서도 얘기하고. 또 공부도 열심히 하고요. 뭐라고 해야 되지? 제가 좀 낭만주의자거든요. 낭만이 없으면 안 되거든요. 인생이 진짜 외롭지 않고 충분히 누군가랑 함께하면서 행복하다는 걸 느끼고 싶어요.

전 : 늘 느끼는 거지만 네게는 사람이 되게 중요한 거 같아. 네 일상에 이야기가 있고 어떤 주제든 누군가와 얘기하는 거 다 좋아하고 그러잖아.

설 : 맞아요. 저는 그런 게 정말 즐거워요. 이렇게 지금 교수님과 얘기하는 것처럼요.

전 : 나도 너랑 얘기하면 재밌어. (웃음)

설 : 뭐라고 해야 할까요. 내 가치관과 인생을 다른 누군가와 공유하는 거 자체가 좋아요. 외롭지 않고요. 그리고 누군가가 내 얘기에 귀 기울여주고 또 공감해준다는 것 자체가 행복한 일이죠.

전 : 그게 네 성향인가 봐. 고향에 있을 때도 이렇게 얘기하는 거 좋아했었어?

설 : 네. 근데 학교 그만두고 돈 벌러 다니면서 친구가 없었어요. 그래서 얘기할 사람도 없고 그랬거든요. 그래서 항상 책을 봤어요. 그러니까 지금도 소설 책이나 이런 걸 많이 보고 있긴 한데. 그 책 속에 빠져들면서 '나는 여기 있지 않고 나는 책 속에 있다.' 고로 '나는 옆에 사람도 많고 나는 외롭지 않다.' 맨날 이랬던 것 같아요.

전 : 책의 인물들을 친구 삼은 거네. 근데 뭐 장사하다가 마음 맞으면 얘기할 수도 있잖아. 그러다 친구 삼을 수도 있고.

설 : 근데 애들이 다 학교 가고 그러잖아요. 그 시간에.

전 : 아, 그렇구나.

설 : 환경이 너무 달랐어요. 친구들이랑.

전 : 그러면 거기서 읽은 책 중에 가장 기억에 남는 인물이 있어?

설 : 가장 기억에 남는 인물은 명성황후예요. 가난했던 환경에서 높은 자리까지 올라갔는데, 대원군이랑 의견이 안 맞아서 싸우고 그랬던 것, 자세히 기억은 안 나는데, 어떻게 되더라. 그게 의견이 좀 잘 안 맞아가지고 그렇잖아요. 제가 추리 소설이랑 명성황후 얘기를 주로 읽었는데 거기서는 명성황후를 되게 안 좋은 여자로 그렸던 것 같아요. 책의 내용보다는 그냥 그게 기억에 남아있어요.

전 : 가난하다가 성공한 게 기억에 남는구나. 근데 책 속의 인물이다 보니 네가 만날 수 있는 사람은 아닌 거잖아. 어떻게 네가 위로를 받고 친구를 삼고 그랬을까? 조금 구체적으로 얘기해줄래?

설 : 그 주인공의 감정이나 이야기에 제가 몰입하는 것 같아요. 내가 그 사람인 것처럼. 명성황후가 가난했다가 높은 자리까지 올랐지만 결국은 비극을 맞잖아요. 그걸 보면서 느낀 건 부자보다도 그냥 나랑 잘 맞는 사람이랑 사는 게 가난해도 행복하겠다는 거였어요. 왜냐하면 저희 엄마가 돈 버느라 항상 저를 집에 두고 문 잠그고 가셨거든요. 그래서 너무 외로웠어요. 엄마가 먼저 한국에 왔는데, 그래서 엄마가 없을 때는 제가 돈 버느라 외로웠고요. 그래서 저는 항상 외로웠어요. 그런데 제가 그렇게 하지 않았다면, 또 어떻게 벌어먹고 살았을까 싶기도 해요. 그래서 그냥 잘 맞는 사람이랑은 가난해도 오순도순 행복하게 살 수 있을 것 같아요.

전 : 그러니까 네게는 사람이 참 중요하다. 그러니까 책을 통해 뭐 특별히 주인공을 직접 만나고 그러진 못하지만, 그 자체로 위안 삼는 거네. 그치?

설 : 네. 맞아요. 울고 웃고. 좀 재있긴 해요.

"19세 소녀의 순박한 낭만"

인터뷰이는 이제 미성년에서 벗어나 자신이 그토록 부러워하던 대학생을 꿈꾸고 있습니다. 대한민국에 온 지 얼마 안 되었고, 또 나이도 어리지만 놀라울 만큼 많은 경험과 고난을 경험한 것으로 느껴집니다. 실질적인 경험이 바탕에 깔려있어서인지, 공부를 대하는 태도와 이 세상을 바라보는 시각에서 자신감이 전해집니다. 그 내면에는 평온함도 담겨 있어, 여러 측면에서 돋보이는 멋진 친구로 보입니다. 아마도 북한이라는 고역의 땅에서 살아남아 한국에 입남한 어린 싹의 솟아오름이 아닐까 생각합니다.

자신의 외로움을 달래기 위해 책 속의 주인공과 교감하면서 지냈으며, 북한의 어려운 가정환경 속에서도 사람의 소중함을 잃지 않았던 예술 학생. 자기 인생에서 사람이 가장 소중한 존재라고 말하는 것은 불모의 땅인 북한에서 생존 훈련을 받았기에, 그리고 평범한 일상을 살지 않았기에 나올 수 있는 답변일 것입니다. 어린 시절, 그녀의 마음속에 아름다운 모습으로 비친 북한의 대학생들은 그녀를 더욱 공부에 열중하게 만들었습니다. 대학교에 입학할 결심을 하며 열심히 공부하는 것도 아름다운 모습입니다.

예술 학생의 고백에서 안쓰러웠던 부분은 어릴 적부터 어머니와 떨어져 살았기에 스스로 생존하기 위해 돈을 벌었고, 대학생이 되는 것을 소망했지만 자신의 경제적 형편을 파악하고 '대학교에 가고 싶지 않다.'는 자기 최면을 걸었던 대목입니다. 북한 주민은 김정은과 그의 혈통에 대한 우상화 교육으로 세뇌당하고 있습니다. 이것도 모자라 자기 자신의 꿈마저 잃어가고 있습니다. 하물며, 자기 자신의 꿈이 꿈이 아닌 허상일 뿐이라고 스스로에게 최면을 거는 이 모습, 너무나 슬픈 모습입니다. 저도 북한 출신이기에 더 마음이 아픈 것 같습니다. 하지만 이러한 스토리는 예슬학생 한명에게만 극한되는 것이 아니라 아직도 북한에 살고 있는 모든 청소년들의 모습이라는 것이죠.

이러한 북한의 실상은 언제 개선될까요. 언제쯤이면 북한의 평범한 주민들과 청소년들이 자신의 꿈을 삭제하지 않고, 마음껏 꿈을 향해 나아가기 위해 모든 무거운 멍에와 구속에서 벗어니 활기차게 질주할 수 있을까요? 대한민국에 입국하여 낭만적인 소녀로 성장한 예슬 학생의 모습은, 3만 4천 북한이주민은 물론 한국 사회에 시사하는 바가 크다고 생각됩니다. 예슬 학생과의 대화 속에서 드러나는 것처럼, 환한 웃음, 소녀처럼 즐거워하는 모습이 그려집니다. 지난날에 외로웠고 우울했던 모습이 있었기에, 지금의 행복한 모습도 있는 것입니다. '어두운 과거가 없다면 밝은 미래도 없다.'는 격언을 되짚게 합니다.

오늘날 한국 사회에서 'MZ'로 일컬어지는 젊은 세대는 과거—현재—미래의 연관성을 이어가기보다는 현재에만 충실히 머무는 경향이 큽니다. 이것은 오늘의 'MZ'에게는 과거의 뼈아픈 고난이 없었기 때문은 아닐까 조심스럽게 생각합니다. 또한 한국 사회는 개인주의의 팽배로 인해서 스스로 제한된 영역에 가두려는 성향이 있어 보이기도 합니다. 그럼에도 불구하고 누군가와 대화를 나누고 공감하고 소통하면서 행복을 찾는 19세 소녀의 낭만을 간직하기 바랍니다. 예슬 학생의 인터뷰 내용을 보며, 저는 많은 감동과 깨달음을 얻었습니다.

항상 밝고 행복한 날들만이 예슬학생의 앞길에 가득하길 기도합니다.

2장 제1고등중학교 출신, 엘리트 청년의 의연한 대처능력

* 인터뷰 일시 및 장소: 2024년 5월 28일 토요일, 오후 1~5시
  (서울 북촌 한 카페)
* 인터뷰어 : 전주람
* 인터뷰이 : 임지호(가명)
  (코로나 시작 무렵, 양강도 부근, 서울 거주, 남성, 33세)
* 내용 구성 및 정리 : 곽상인

2024년 5월 28일 오후 1시경, 남산을 지나 한 대학교로 향했다. 인터뷰이를 만나러 가는 길이다. 쾌청한 하늘은 '고된 일상'에게 주는 선물 같았다. 학교에 도착하여 인터뷰이에게 연락하니, 경영관 앞이라고 했다. 우리는 만났고, 가볍게 목례하고 곧바로 북촌의 한 식당으로 이동했다. 점심 메뉴는 갈비탕으로 정했는데, 다행히 음식이 맛있었다.

많은 북한이주민이 남한에서 사람들을 만날 때 혹시나 실수하지 않을까 조심하는데, 나 역시도 그들과의 만남에서 연구자의 호기심 때문에 질문을 폭풍 같이 쏟아낼까 봐 조심한다. 또한 실례되는 질문은 하지 않았나 늘 걱정한다.

그는 임지호(가명)다. 그의 가족은 모두 북쪽에 있기 때문에 더욱 조심히 인터뷰를 해야 한다. 그는 1990년대생인데, 말투에서 북한 사투리를 찾기는 어려웠다. 북쪽 역시 한국과 마찬가지로, 말투가 지역마다 다르며, 특히 평양 부근은 대체로 북한 억양이 세지 않다고 했다.

그는 20대에 탈북했는데, 군인 출신으로 A지역에 머물다가 한

〈서울남산 부근 : 인터뷰이를 만나기 10분 전〉

국으로 오게 되었다. 2010년 무렵 군에 입대했고, 이후 코로나 직
전 북한에서 A국가로 파병되었다고 했다. 북한은 잘 아시다시피
10년의 군복무를 해야 한다. A지역에 있을 때 월급은 제대로 받지
못한 것으로 이해된다. 북한으로 돌아갈 때쯤 월급을 준다고는 하
나, 대부분 그렇지 않는 경우가 많다고 한다.

전 : 왜 한국으로 이주했어요?

임 : A국가에서 일을 했어요. 무역대표부라는 곳에 가서 비서 역할을 했는데,
고래 싸움에 새우가 낀 느낌이었어요. 그러니까 무역대표하고 보위지도원
두 분이 싸우는 거예요. 그런데 제가 무역대표의 오른팔 역할을 했고 그분
의 여러 가지 정보를 많이 알고 있다 보니까, 보위지도원이 저를 잡다가
족친다는 거예요. 저한테 정보를 빼내서 무역대표를 잡는다는 식으로요.
그런데 저는 굳이 정보를 말할 것도 없지만, 말해도 죽고 안 말해도 죽는다

고 생각했어요. 그래서 선택의 여지가 없었어요. 북한에 들어가도 더 이상 발전이라는 건 없을 것 같고, 감옥에 가지 않으면 다행이라고 생각했어요. 그런 상황이라서 젊은 나이에 희망이라도 찾자는 심정으로 한국행을 선택했어요.

전 : A국가에서 일할 때 북한을 바라보던 시선이 바뀌었는지, 북한에 거주할 당시 북한을 바라봤던 시선과 다른 점은 무엇이었는지 궁금하네요.

임 : A국가에서 북한을 새롭게 바라보는 계기가 됐어요. 내가 살아왔던 세상하고 너무 다르다는 사실을 깨달았어요. 북한에서 교양 하는 거, 세계에 대해 해설해주는 뉴스들을 사실로 믿고 충성했는데, 그런 생각이 많이 바뀌었죠.

전 : 소중한 가족들이 북한에 있는데, 북한은 희망이 없다고 판단한 거네요.

임 : 여기 식으로 말하면 진짜 빨갱이라고 하나요? 그렇게 살아와서 사실은 북한밖에는 살 나라가 없다고 생각했었고, A지역에 나가서도 내가 도망쳤을 때 어느 나라에서 받아줘야 한다는 것도 몰랐어요. 단지 정보가 있었다면 무역대표랑 식사하면서 들었던 태영호 공사에 대한 것이었어요. 별 것도 아니고, 그냥 태영호 같은 사람도 한국으로 도망쳤다는 것이었어요. 그런데 "한국으로 도망치면 살 수 있냐?"라고 물어봤더니, "한국으로 도망치면 받아주고 어느 정도 혜택도 있다고 하더라."고 들었어요. 그래서 '한국으로 가면 죽이진 않는구나.'라고 생각했죠. 혜택을 줘서 정착할 수 있게 만들어 준다는 정보를 들으니까 한국행을 택한 거죠. 만약 그런 정보조차 없었다고 하면 다시 북한에 들어가지 않았을까 싶어요. 북한 내부에 대한 정보밖에 몰랐기 때문에 절망적이었어요. 내가 생각할 때도 남한에 대한 정보를 얻은 사람들이 도망치지, 정보가 없는 사람들은 꿈도 못 꿔요. 저도 다행스럽게 전 태영호 북한 외교관의 탈북정보를 알았기에 절망적인 북한이 아닌 희망적인 한국행을 선택한거죠.

전 : 야망과 포부가 크게 느껴지네요. 제1고등중학교 출신이라고 했는데, 밤새

공부했던 스타일인가요?

임 : 저는 사실 그랬죠. 먹고사는데는 전혀 문제가 없긴 했지만, 내가 꼭 성공해서 집안을 좀 더 높은 상류층으로 일으켜 세워야 된다는 생각으로 모든 측면에서 열심히 살았어요. 그래서 A국가에도 나갈 수 있었고요. 거거에서도 노동자가 아니라 무역대표부에 들어가서 비서를 한 거니까 잘 풀린 거죠. 제1고등중학교에서는 공부를 열심히 했습니다. 저는 사실 사교육은 아니고, 혼자서 밤새 공부한 스타일입니다. 한걸음만 나아가면 북한에서도 성공할 수 있다는 생각을 했는데, 그 기회가 꺾인 거죠. 그래서 한국에 와서 다시 공부를 시작하려니까 허무하고 힘들긴 하죠. 그리고 가족을 다 북한에 두고 왔으니까 아직도 많은 의무감과 사명감을 가지고 살고 있고요.

전 : 북쪽에서 살 때 꿈은 무엇이었어요?

임 : 대학은 김일성종합대학 또는 김책공대 이런 정도를 가려고 했어요. 사실 저는 그렇게 범위를 넓게 잡지는 않았던 거 같아요. 아무래도 제1중학교라 경쟁률이 심했는데, 공부도 좀 한다고 하니까 저는 범위를 무조건 김일성종합대학으로 잡았어요. 그러다 보니까 넓은 범위까지는 안 봤어요. 그래서 김일성종합대학에 들어가는 것을 제일 탑으로 꼽았어요. 북한에서 엘리트를 꿈꾼다고 하는 사람은 무조건 김일성종합대학에 들어가려고 했어요. 그런데 '지금 생활에 만족하겠다.' 그러면 김책공대나 이과대학 정도로 가요. 그래도 평양에 있는 대학을 가려고 하죠. 그리고 과는 아무래도 정치나 경제 쪽으로 꿈을 꾸죠. 가장 선호하는 과는 법학과죠. 북한에서는 의대를 별로 선호하지 않아요. 예전에는 '돈 번다'는 개념이 없이 국가에서 지정해주는 직장에 나가서 일을 했어요. 그럴 때는 의사를 진짜 선호하지 않았죠. 그래서 북한에서 의대라고 하면 대한민국처럼 우러러보는 정도는 아니에요. 북한에서 가장 선호하는 거는 법학과 또는 정치학과에요. 그리고 제일 선호하는 것은 당 일꾼이죠. 또는 행정일꾼도 좋고요. 뭐니뭐니 해도 가장 선호하는 건 당 일꾼이죠. 그다음으로 군대장교가 되는 거죠.

그 셋 중에 하나인데, 가장 일반적으로 꿈꾸는 것은 법조인이거든요. 북한에서는 법관이라고 해요. 법관과 당 일꾼을 젊은 사람들이 꿈꾸죠. 또 시장이 대한민국처럼 자유로운 것이 아니고, 국가가 지원하는 형태이기 때문에, 권력도 그 시장에서 나온다고 해요. 그러다 보니까 시장관리소장이라는 게 있어요. 국가 관할에 있다고 해서 시장관리소장이라고 하는데, 그 사람은 진짜 꼭대기에서 임명해주는 사람이에요. 그만큼 권력을 가져야 그런 것도 유지되고 그래요. 시장관리소장은 돈이 굉장히 많다는 이미지를 갖고 있어요. 그래서 무조건 그 자리를 탐내죠.

전 : 일종의 배신감도 들었겠고, 세뇌당했다는 생각도 했겠네요. 북한사회에서 성공하려면 김정은 옆으로 가는 것밖에 없겠네요. 북한에서 공부도 좀 했고 잘 나갔고, 김일성종학대학도 확정돼 있었는데, 한국행이 남달랐겠네요.

임 : 사실은 한국행을 택한 순간부터 허무한 거는 이루 말할 수 없었죠. 저는 군 복무 때도 잘나갔고, 공부도 좀 했었고요. 그러다 보니까 조금만 있으면 올라간다고 생각했어요. 김일성종합대학도 가기로 이미 다 돼있었고. 거기서는 길이 명확했으니까 좋았는데, 한국에 와서는 아무 것도 할 수가 없는 상태잖아요. 한국사회에 대한 기대조차도 없었던 것 같아요. 그때 내가 보위지도원한테 걸렸을 때, 이 상황에서 북한으로 들어가는 것보다 한국으로 가는 게 낫다고 생각했어요. 약간 양자택일 중에서 이쪽이 더 낫다라고 생각해서 왔기 때문에, 한국사회에 대한 기대를 한 건 아니었어요. 정말 막연하게 '북한 사회보다 이 사회가 나을 것이다.'라고만 생각했어요.

전 : 한국에 와서 살아보니 북한 사회보다 힘든 게 많겠죠. 어떤 측면에서는 많은 길이 열려 있어 능력만 있다면 무엇이든 할 수 있는 사회인데요. 그럼에도 불구하고 북한에서는 안정된 길이 확보되어 있어서 아쉬운 면도 있겠네요. 그래도 한국과 북한이 유사한 점은 많죠?

임 : 네. 문화가 비슷한 것도 있지만, 사람들의 의식 상태라고 할까요. 북한하고 다르지 않은 점은 질투심 많고, 욕심 많고, 경쟁이 심하고, 남 잘되는 거 싫

어하고, 이런 게 너무 비슷하고요. 사회에서 그걸로 다 살아가잖아요. 제가 보기에는 함부로 평가 내리기 힘들겠지만 북한이나 남한이나 '경쟁'으로 삶의 의욕을 찾는 것 같아요. 남보다 내가 잘사는 모습에서 행복을 느끼고요. 북한도 어느 정도 자기가 조금 능력이 된다고 생각하는 사람들, 내가 살만하다고 생각하는 사람은 남보다 조금 더 한 발짝 앞서 가려고 해요. 남보다 좀 더 잘되려고 하는 경쟁심은 굉장히 강하죠. 남북 모두 제일 먼저 권력을 우선시하고, 그 다음에 돈이고, 그다음에 자기 능력이에요. 사실 북한하고 큰 차이는 없어요.

전 : 북한 사회에서 돈과 권력이 없다고 해도 아주 뛰어난 애들은 국가기관에서 인재로 키우려고 하잖아요. 그런 건 어떻게 생각해요?

임 : 사실 지식적으로 엄청 뛰어나다고 해서 그 사람들을 국가에서 일단 지명하면, 그 사람은 밖으로 못나오잖아요. 닫힌 곳에 들어가서 살아야 되고, 제한된 공간에 가서 살아야 하구요. 그래서 뛰어난 것을 바라진 않습니다. 여자들 같은 경우에 육체적이나 외모적으로 좀 괜찮아서 국가에서 뽑혔다 그러면, 그 사람들은 또 김정은이 별장 있는 데 가서 10년 동안을 계속 있다 나와야 되고 해서 선호하거나 그러진 않아요. 아주 똑똑해서 과학자가 되면 그 사람들은 핵이나 군사 이런 시설에 들어가서 한평생 못 나와야 하고 그러잖아요. 물론 먹을 수 있게 환경만 잘 갖춰주는 거죠. 닫힌 구역에서 먹고사는데는 전혀 문제가 없도록 만들어줘요. 그러나 그 집안에까지 혜택을 주지는 않아요. 그러니까 북한 주민이 가장 바라는 것은 적당히 똑똑해서 대학교 잘 졸업하고, 어느 정도의 권력과 어느 정도의 돈이 있는 당일꾼이나 법관 정도의 삶을 사는 거예요. 국가에서 인정할 만큼 똑똑한 사람이라고 하면 그런 사람들은 정말로 닫힌 곳에 가야 돼요. 컴퓨터 개발해야 되고, 핵원자 연구해야 되고요. 또 그 외에도 뭔가 인재라고 생각되거나 우리한테 이 사람이 필요하다고 생각되는 사람은 철저히 차단된 시설에 감금해요. 기밀보안 때문에 그래요. 그런 사람들은 만약 거기서 퇴출되어 나왔다고 해도 자유롭게 못살죠. 계속 감시 받으면서 살아야 되고. 저희

처럼 해외에 나갔다 들어간 사람들도 몇 년은 감시 받으면서 살아야 되거든요. 그런 상황이라서, 부모들이 가장 원하는 거는 똑똑하고 공부 잘하는 걸 원하는 게 아니에요. 어느 정도껏. 국가의 눈에 띄지 않을 정도로. 그 다음에 다 자라서 간부가 될 상황까지만 갖추는 걸 원해요. 어릴 적부터 천재가 돼서 뽑혀가는 상황을 바라지 않죠. 그러나 예체능으로 천재 같은 경우에는 괜찮죠. 하지만 지식적으로 물리나 수학 같은 거에 뛰어나다고 하면 부모들이 오히려 걱정하고 그러죠. 여자들도 너무 예쁘면 문제가 돼요. 예뻐서 당에서 오라고 하는데, 진짜 그런 상황에서 '안 보내겠다.'고 해도 반역이에요. 그래서 미리 대책을 세우고. 힘 있는 집들은 자기 딸 안 보내려고 해요. 그런데 뽑혀서 간다고 했을 때 좋아하시는 분들은 어렵게 사는 사람들뿐이에요.

전 : 현재 또래보다 나이가 많은 대학생이자 북한이주민 출신이잖아요. 남한 사회에서 학생에게 여러 프레임을 씌울 것 같은데, 단호하고 뚜렷한 정체성을 갖고 있는 느낌이 들어요. 그러면 자신의 진로를 어떤 방향으로 개척하고 싶나요?

임 : 처음에는 진로를 잡지 못했어요. 왜냐면 한국에 뭔가 기대를 가지고 목표를 세우고 왔어야 하는데, 전혀 그러질 못했으니까요. 아무 것도 없이 입남하다 보니까요. 북한에서 오신 분들은 이미 다 계획을 세우고, 한국사회에 대해서 잘 알고 오셨더라고요. 그런데 저는 무조건 공부해야겠다는 생각뿐이었어요. 북한에서도 김일성종합대학 가는 게 꿈이었고요. 그래서 여기 와서도 현실적으로 배울 것을 찾아보고, 현실을 따라야 되겠다 생각했죠. 나이도 있고 하니까, 대학에 진학할 때도 어느 학과로 갈지 고민이 컸죠. 북한에서 공부하던 거랑은 엄청 차이가 많죠. 그런데 대학 과정에서 힘든 건 없습니다. 편안하게 잘 흘러가고 있고, 대학 생활에서 행복을 찾고 있습니다. 공부하려고 하는데, 내가 아무래도 10년 동안 공부를 안 했으니까 따라가려고 보니 너무 어려운 거예요. 저는 하나원에서 나오자마자 대학 갈 준비를 하느라고 대안학교에 가서 공부하고 그랬거든요. 대안학교 수준에서는 제가 더 공부할 게 없고 하니까, 혼자서 공부했어요. 원래 수업

을 다 들어야 해요. 레벨테스트를 해서 수업을 듣게 해주거든요. 그런데 레벨테스트에서 내가 들을 학년이 없어 가지고, 혼자서 진로를 찾고 하면서 공부했어요. 공부를 해보니까 북한에서 배웠던 것하고 차이가 많고, 언어적인 변화도 많고 하다 보니까 어려웠죠. 그래도 북한에서 공부 좀 했다는 축에 들었는데, 여기서는 그 축에도 못 끼니까 살짝 아쉽고 마음이 아픈 거죠. 그거 외에는 뭔가 정착하는 데 힘들다 이런 생각은 없습니다.

전 : 그러면 어디 공항에서 온 거예요? 여기 딱 왔을 때 어떤 느낌이었어요?

임 : 인천공항. 뭐랄까. '내가 대한민국에 왔구나.' 하는 정도요. 외국에서 여기 오기 위해 대사관에 머무르고 있다가 비행기 타고 왔거든요.

전 : 대사관에서는 뭐했어요?

임 : 그냥 책이나 읽으라고 해서 책 읽고 그랬어요.

전 : 대사관에 잠은 잘 데가 있나요?

임 : 그렇죠.

전 : 근데 A국가에서 한국으로 온 사람은 처음 보네요. 올해로 북한이주민 인터뷰만 10년차인데, 혜산, 청진 등의 단어를 많이 접했어요. 보통 공항보다는 산 넘고 강을 건넜다는 이야기로 시작되는 경우가 많았는데. 완전 다른 경로군요.

임 : A국가에서 군인 출신으로 온 건 제가 유일하죠. 진짜 A국가에서 온 사람은 없죠.

전 : A국가에서 살 때는 주로 무슨 생각을 했어요?

임 : 그때는 그 나라가 많이 화려하고 발전됐다고 생각했죠.

전 : 그렇군요. 근데 내가 어떤 전략을 세워서 남한으로 가야지라는 생각도 했을 거잖아요. 어떤 목표 같은 게 있었나요? 나만의 전략이라든가.

임 : 본래 남한 와야겠다는 생각은 꿈에도 안 했었어요. 그냥 A국가의 화려함을 보면서, 또 자유스러움을 보면서 지냈죠. 원래 북한에서 저는 김일성종합대학 법학부에 가서 검사나 판사를 해야 되겠다고 생각하고 쭉 살아왔어요. 그런데 해외에 나가서 보니까 '북한에서 사는 거는 너무 억울하겠구나.' 싶었어요. 돈을 버는 시야도 정해져 있고요. 그런 답답함이 느껴지더라고요. 그래서 저는 법학부가 아니라 경제학부를 가서 경제학을 전공하고 해외에 나가 무역대표나 외교관이 돼야겠다고 생각했죠. 그땐 가족을 다 데리고 나와서, 외국에서 살아야 되겠다고 생각했어요.

전 : 근데 어떻게 여기를 선택하게 됐어요?

임 : 앞에서도 얘기했지만, A나라에서 제가 무역대표부 수행비서를 했어요. 수행비서 무역대표부 대표 한 명과 함께요. 대외적으로는 부대표 역할을 하면서 외국인들도 많이 만났죠. 내가 장교도 아니고 일반 군인인데 영어 조금 한다고 해서 간부들의 눈에 들어갔고, 그래서 높은 데까지 올라가니까 밑에서 시기 질투하는 사람들이 많았어요. 그중에서도 보위지도원이 저를 제일 미워한 거죠. 자기한테 대표의 수익을 추적해서 보고해 달라고 했는데, 제가 보고를 안 하니까 더 미워했죠. 보위지도원이 저희 둘을 잡으려고 엄청 노력했던 거예요. 저를 잡기보다는 대표를 잡기 위해서. 그래서 저를 미끼로 쓰는 느낌이 들었어요. 그러니까 대표를 잡아도 죽어야 되고, 못 잡아도 죽어야 되는 꼴이 된 거예요. 대표에 대한 비밀을 털어놔도 죽고, 안 털어놔도 죽게 된 꼴인 거죠. 그래서 유일한 희망은 한국에 가는 수밖에 없겠구나 싶었죠. 어차피 북한으로 가봐야 승진은 없겠다 싶었어요.

전 : 근데 북한에 들어갈 수는 있어요?

임 : 들어갈 수는 있죠. 끌려 들어가죠. 해외에 있다가 그런 잘못이 있으면 무조건 북송돼요. 그다음에 다시는 외국에 나올 수도 없고, 계속 북한에서 노동자로만 살아야 해요. 승진도 없고요. 북한 시스템을 아니까 '내가 이렇게 태어나서 희망 없이 그렇게 살 바에는 죽는 게 낫지.'라고 생각했죠. 근데 죽기보다는 한국이라는 사회를 한 번 선택해서 희망을 찾아보자고 생각했어요. 그 긴박한 상황에서 1시간 정도 고민하고 결정해서 야반도주를 한 거예요. 보위지도원한테서 조사받다가 도망친 거죠. 조사받는데 밤이 되니까 "오늘은 자고 내일 또 하자." 그랬어요. 그때 보위지도원 자는 모습을 보고 나도 자는 척했죠. 그러면서 도망치려면 어떻게 해야 되나 고민했죠. 도망치다 잡히면 어떻게 해야 될 것 같고, 내가 도망쳤을 때 우리 집은 어떻게 되는가 싶기도 하고, 이런 걸 다 계산하고 생각하고 해서 최종적으로 도망을 친 거죠.

전 : 그러니까 1시간 동안, 많은 생각을 했네요. 근데 1시간 동안 모든 걸 어떻게 결정해요?

임 : 시간은 짧은데 왜 급하게 결정할 수밖에 없었냐면 그날 밤에 잡혀 들어간 거거든요. 조사 받으러. 물론 들어갈 때는 대표가 "걱정하지 말고 잠깐만 있어. 내가 그냥 데리고 나올게."라고 했는데. 제가 조사받은 결과는 '이게 아니구나. 대표가 힘을 써도 못 하겠구나.' 약간 이런 걸 알았어요. 상황 자체가 그랬어요. 나는 이미 찍힌 상태여서요. 그러니까 짧은 시간 내에 결정할 수밖에 없었던 이유는 그런 것이었고요. 두 번째는 '내일부터 조사가 심화되기 시작하면 그다음부터는 밖에서 열쇠를 잠그겠구나 싶었어요. 그러니까 독방에다가 집어놓고 밖으로 못 나오게 보초를 세우고 밤에 잘 때는 밖에서 잠그는 거예요.

전 : 아, 그럼 계속 그렇게 있는 거예요?

임 : 그러니까 밤에 잘 때는 그렇게 있어야 돼요. 낮에는 조사 받으러 계속 같이 가서 있어야 되고. 그러니까 만약 조사받을 때 내가 자기들 원하는

대로 답을 안 하고, 마지막까지 뭔가 불지 않으면 계속 잡혀가지고 조사 받는 거죠. 나중에는 북한에 끌려 들어가는 거죠. 북한에 끌려 들어가면 그다음에는 보위부에 들어가서 매 맞고 조사를 받아야 되는 거죠.

전 : 근데 새벽 1시에, 그러니까 길도 잘 모르잖아요. 어떻게 도망을 친거에요?

임 : 저는 일반 노동자 생활을 2년 정도 하고, 나머지 1~2년은 수행비서 하면서 혼자 차 타고 다니고 그랬어요. 그러다 보니까 그 지역의 지리를 대충 알았죠. 그리고 흘러가는 시스템을 알고 하니까 길을 찾겠더라구요.

전 : 아, 어디가 어딘지 아는 거네요.

임 : 네. 숙소는 물론 인적이 전혀 없는 외진곳에 있었어요. 인적이 없는 곳에서도 정말 외진 곳에 있어서 도로까지 나가는 데까지 3킬로미터 정도 돼요. 그것도 고속도로라서 차가 별로 없어서 택시 잡거나 이럴 상황이 아니었거든요. 그래도 뭐 일단 뛰어야 된다는 생각만 했어요. 붙잡히면 죽으니까. 죽든 살든 해봐야 된다고 생각한 거죠.

전 : 근데 방향은 다 알았고요?

임 : 방향은 알죠.

전 : 거기 지뢰도 있고 그러지 않아요?

임 : 지뢰는 없어요. 그런 건 없어요. 외국에서 노동자 신분으로 나가서 몰래 일하기 때문에 그렇게 살벌하게 하지는 않아요. 그 나라 경찰도 있고 하니까. 물론 CCTV도 다 있긴 한데 그것을 볼 수 있는 방은 보위지도부 방 하나밖에 없고요.

전 : 그런 걸 알았으니까 올 수 있었던 거네요.

임 : 그리고 보위지도원이 술 마시고 자는 거 알았으니까요. 그러니까 빨리 결정할 수밖에 없었던 거죠. 술 먹고 왔을 때 취해서 자는 타이밍이 1시간 내지 2시간이잖아요. 그 타이밍을 벗어나거나 다음 날이 되면 또 경비가 심해지기 때문에, 그다음에는 빠져나올 수가 없는 거예요. 지키는 애들도 내가 다 잘 알고 있고, 내가 다 데리고 일하던 친구들이니까요. 내가 원래 노동자로 2년 일할 때는 총기사를 했어요.

전 : 총기사가 뭐예요?

임 : 그러니까 현장 총 사이트 엔지니어라고 보면 돼요. 500명 데리고 작업 지시하고 도면대로 작업시키고 그랬었죠.

전 : 되게 높은 위치인 거네요?

임 : 그러니까 노동자들 중에서 제일 높은 위치죠. 그 위에 장교들이 있고요. 장교들도 다 제 말을 들어줄 수밖에 없었던 게, 건설 설계 도면을 볼 수 있는 사람이 저밖에 없었으니까요. 그리고 외국 기사들하고 대화가 통하면서 설계도면도 볼 줄 알고 건설을 할 줄 알았던 사람이 저 하나밖에 없어 가지고요. 통역원들이 있다고 해도 도면을 못 보잖아요.

전 : 그런 건 어떻게 알았어요? 공부했어요?

임 : 공부 안 하고 그 나라에 가서, 현장 기사한테 배웠어요. 근데 건설하면서 배우다 보니까 너무 빨리 캐치를 한 거죠. 15분 만에 딱 배우고, '아, 이렇게 하는 거였어?' 그랬죠.

전 : 되게 똑똑하네요.

임 : 이렇게 해가지구, 그 장교들이 저를 예뻐하고 그랬어요. 내가 일을 다 하니까, 나 없으면 일이 안 되니까, 저를 엄청 떠받들어준 거죠. 그런 과정에서 무역대표 눈에도 들어 가지고, 밑에서 일좀 해라고 해서 한 거예요. 근데 그때 보위지도원이 내가 대표 밑에 간다고 하니까 너무 싫어했죠. 현장을 살려야 되는데, 대표 밑에 간다고요.

전 : 대단하네요.

임 : 제가 건설 담당으로 있을 때 500명 데리고 A국가에서 호텔을 지었어요. 진짜 건설 역사상 그런 속도가 없을 만큼 빠르게 지은 거죠. 한 달에 다섯 개 층 이상을 올리는 건설이었어요.

전 : 그걸 어떻게 지시해요? 대단하네요.

임 : 그러니까 제가 다 조직하고 애들 충분히 휴식시키고 했어요. 북한은 무식하게 애들 휴식 안 시키고, 그냥 24시간 동안 일 시키면 다 되는 줄 알아요. 계속 그렇게 하니까 속도가 안 나는 거예요. 근데 내가 보니까 애들이 피곤해서 일을 못 하는 거예요. 밤을 새도 시간만 늘어날 뿐 애들이 능력을 못 내는 거죠. 그래서 내가 그걸 아니까 거기 나가서 6개월 만에 총 기사가 돼서 통역을 해줬거든요. 그 나라 말도 잘 모르는데, 어떻게든 했어요. 그러다가 통역원들 나오고 같이 일하면서 15분 만에 도면을 배웠죠. 그다음부터는 내가 다 지시했고요. 아무래도 A국가는 독재 느낌이 있어요. 그런 국가적 시스템이다보니 그나라 정부에까지 "어느 지역 건설현장에서는 1개월에 5개층 이상을 올린다러라"라고 소문이 났고 그로 인해 나에 대한 신뢰와 인지도가 높아진 거죠. 그리고 빨리빨리 건설해야 돈도 많이 버니까, 중국 회사 사장도 날 엄청 예뻐하고 그랬죠. '여명거리' 건설할 때도 기부를 엄청 많이 한 거예요. 김정은한테. 그래서 중국 건설회사 사장이 직접 북한에 들어가서 김정은을 만나서 려명거리 건설에 기부도 하고 그랬어요. 그 계기로 저도 능력을 인정받아서 입당하고, 김정일청년영예상 받고

그랬었죠. 물론 해외다 보니 이름만 호명됐을뿐 실물을 실지 받지 못했구요. 실물은 북한 들어가서 받는거죠. 그러면서 2년 동안 완전히 자리를 다 잡아놓고 했죠. 그렇게 하면서도 조장 애들이 한 30명 정도 되거든요. 매일 저녁마다 일 끝나고 들어오면 조장 애들 30명 모아놓고 계속 강의를 했어요. 설계도면 보면서 어떻게 하라고 했고, 설계도면 보는 법도 배워줬어요.(알려줬어요.) 그렇게 3개월쯤 알려주고 하니까 5개월 정도 돼서는 애들이 다 알았어요. 거의 반복이니까요. 새로운 현장에 갔을 때 애들이 더듬거리면 다시 한 번 알려주고 했어요. 그러면 애들이 그대로 따라하고, 모르면 와서 물어보고 하니까 일이 편해졌죠. 그러다 보니까 저는 작업 지시만 하고 설계도면은 그 애들한테 나눠주면 알아서 일이 쭉쭉 됐죠. 그 무렵에 무역대표가 "이제 그 정도 했으면 너는 내 밑에 와서 일해라."고 했죠. 그런데 무역대표는 외교부 외교관이고, 보위지도원이나 지배인 같은 경우는 장교거든요. "넌 군인인데 왜 민간인 밑에 가서 일해야 되냐? 네가 싫다고 해라."라고 그랬어요. 근데 그 나라에서는 외교관이 제일 윗대가리잖아요. 그러니까 그 사람(외교관) 말을 앞에서 거역할 수는 없는 거예요.

전 : 그렇죠.

임 : 그래서 나한테 압력을 주는 거죠. "대표가 자기 밑에서 수행비서 하자고 하면 넌 하지 않겠다고 해라." 그랬죠. 그런데 무역대표 밑에 내려가서 일하면 내 시야를 넓히는 거잖아요. 그게 엄청난 거잖아요. 그래서 저는 대표한테 "좋습니다." 그랬죠. 총기사로 있을때는 거의 모든 작업 지시와 공사 진행절차에 이루기까지 제가 모두 주관하고 있다보니 보위지도원은 물론 모든 고위 장교들이 저를 엄청 챙기고 제말을 무조건 들어주고 해서 저는 현장에서 일할때도 정말 편하고 좋았어요.

전 : 능력 되니까 편하게 있었네요.

임 : 그러니까 장교들하고도 막 싸우게 되면 "혼자 하시라."고 했죠. 그러면 잘못했으니까 와서 다시 좀 해달라고 했죠. 이런 상황이었죠. 그런 위치에 있

다 보니까 대표한테 간다고 했을 때도, 장교들이 가지 말라고 했어요. 그런데 무시하고 간 거죠. 거기로 간 다음부터는 상황이 바뀐 거죠. 원래 무역대표가 웬만한 사람을 3개월 이상 안 쓰는 거예요. 자기 비밀이 많고 하니까요. 3개월 있다가 아니다 싶으면 다시 보내고 그랬었는데, 대표가 나를 엄청 신뢰한 거예요. 어디 가서도 대표한테 욕된 말도 안 하고 하니까. 그러니까 나를 엄청 감싸고 돌고, 나를 다치지 못하게 하니까 주변 장교들이 밸이 꼬인거죠. 난 외교부 대표의 사람이 됐고, 실제 소속은 장교한테 소속이 되어 있으니까 계속 자료를 요구한 거죠. 계속 뒤에서 대표를 막 끌어내리려고 하는 사람이 있나 보다 했죠. 이때까지 대표가 데려갔던 몇 명의 사람들은 집 청소하고 무역대표 밥해줄 인력으로 고용했다면, 저를 데리고 갈 때는 "야, 넌 영어도 잘하고 이것저것 잘하니까 내 밑에서 좀 많이 도와줘라."해서 데리고 갔거든요. 가서 실질적으로 뭔가 시키면 시키는 대로 다 할 줄 알았으니까요. 그러니까 자기 회계까지도 나보고 좀 봐달라고 했어요. 회계 보고까지 하니까 대표가 나를 무한 신뢰한 거죠. 보통 다른 사람 같으면 3개월도 못 버티고 가는데, 계속 우리 둘이서 딱 붙어서 일하니까 내가 좋아하던 애들도 나중에는 배가 아프다고 하더라구요. 그렇게 되니까 저는 그 질투 때문에 마지막에는 힘들었어요. 그래서 저한테 조사할게 있다고 해서, 일주일이면 된다고 해서 저를 데리고 들어간 거죠.

전 : 근데 걸릴 게 있어요? 걸릴 거 없잖아요?

임 : 그러니까 걸릴 게 뭐냐 하면 저는 일반 병사였기 때문에 외국에 나가도 외국인을 혼자서 만날 권한이 없어요. 외교관만 혼자서 외국인을 만날 수 있는 권한이 있거든요. 일반인들은 혼자서 절대 해외에서 활동할 수가 없어요. 근데 저는 업무 특성상 혼자 계약서 들고 가서 도장 찍고 와야 되고, 대표 지시에 따라서 혼자 일처리하고 그랬어요. 대표랑 둘이 같이 다닐 수 없잖아요. 그런 걸 이제 꼬투리 잡은 거죠. 그러니까 일반 병사인데 혼자서 차 타고 다니고 혼자서 외국인들 만났다는 거죠. 그게 문제라는 거죠. 규정상 그렇게 되어 있기 때문에 북한에 들어가서 "너 그렇지 않았냐?" "근데 누구 만나서 어떻게 무슨 일을 했냐?"고 하면서 뭔가 뒤집어씌울 수 있잖

아요. 그렇게 되니까 어떻게 할 수 없었던 거죠.

전 : 다 짜고요.

임 : 네. 그러다 보니까 제가 안 되겠다 싶었죠. 그래서 그 짧은 순간에 결정을 했죠. 대표는 아무래도 외국에서 많이 살다 보니까 아는 게 많았어요. 한국사회에 대해서도 너무 잘 알고 있었구요. 그래서 한국에 가면 살려주고, 집도 주고 기초생활을 할 수 있게 도와준다고 했어요. 난민들을 돌봐주는 법이 있다고 하는 대표 말을 들었죠. 이제는 탈북해도 가족을 죽이지 않고 감옥도 안 보낸다고 했어요. 이런 걸 대표한테 다 들었어요. 내가 만약 내 부모들이 죽는다고 했으면 안 뛰었겠죠. 내가 뛰어도 부모들은 터치하지 않고 그냥 감시만 한다는 것을 알았어요.

전 : 아니, 근데 뛰어서 어디로 갔어요?

임 : 뛰어서 대사관으로, 한국대사관으로 가요.

전 : 거기만 가면 좀 안전한가요?

임 : 네. 대사관으로 들어가면 누구도 터치 못하죠. 야반도주해서 밤에 택시 타고 대사관에 갔는데, 이미 사람이 하나도 없었어요. 세큐러티(경비)밖에 없었고, 대사관 직원들이 있어야 제가 들어가도 무사하는데 직원들이 없으니까 겁이 났죠. 세큐러티한테 잡히면 경찰한테 가야 되거든요. 경찰한테 가면 저는 무조건 북송이에요. 그래가지고 그날은 멀리 택시 타고 가서 숨어서 잤고, 다음 날 대사관에 가서 들어갔죠.

전 : 다른 데서 하루 동안 있다가 문 열었을 때 가서 말한 거네요.

임 : 낮에 가면 있으니까요. 그 담장을 막 넘어 들어가고 그런 거죠. 그래서 들어갔는데 다행히 직원이 딱 나와 있었죠. 피난 오신 거냐고 물어보기에, 그

렇다고 했죠. 들어가니까 탈북민이 온 것은 최초라고 하면서 너무 반갑다고 그러는 거예요.

전 : 되게 환영해줬네요.

임 : 그렇다기보단 그 당시 2019년도가 문재인 대통령이랑 북한이랑 관계가 좋을 때라서 환영했지만 진척이 빠르지는 않았죠. 거기서는 조사는 안 하고 그냥 일반적인 것만 대충 물어봤어요.

전 : 그 안에 재워주고 하는 데가 있어요?

임 : 재워주는 데가 있는 건 아니고, 어떤 공간 하나 내서 그냥 여기 있으라고 했어요. 그래서 거기 있다가 한국에 온 거죠.

전 : 그럼 비행기표는 대사관에서 다 마련해줘요?

임 : 대사관에서 다 해줘요.

전 : 그럼 인천에는 누가 나와 있었어요? 국정원?

임 : 올 때는 이미 대사관 참사랑 같이 왔고요. 그리고 여기 도착하는 즉시 대사관 참사는 빠지고 국정원 지도원이 인계받는 거죠.

전 : 어떻게 보면 되게 편하게 왔다고 할 수 있겠네요. 다른 분들은 산을 몇 개 넘고, 강 건너고, 태국이라 라오스 갔다고 온다고 하더라구요.

임 : 그 경로는 아니죠. 넘어올 때 저는 심장만 떨렸던 게 아니라 온몸에 살이 다 떨렸어요. 심장 떨리는 거는 떨리는 게 아니더라고요.

전 : 그러면 내려서 국정원으로 갔겠네요?

임 : 그렇죠.

전 : 조사받고 하나원으로 가고요. 그때는 뭔 생각했어요? 정신이 하나도 없었 겠네요.

임 : 침착하게, 의연하게 대처했어요. 북한에서는 안기부 사람이 탈북민을 막 죽인다고 해서, 그냥 침착하고 의연하게 대처해서 이겨내야 된다고 생각 했어요. 내가 여기서 죽으면 안 된다, 그러면 부모들한테 죄 짓고 사는 거 다, 여기 왔는데 맹목적으로 그냥 죽게 되면 불효자니까 '난 무조건 살아야 된다.'고 생각했어요.

전 : 아, 그러니까 여기서 죽을 수도 있다고 생각한 거네요?

임 : 그렇죠. 한국에 와서도 잘못하면 죽을 수도 있다고 생각했죠. 근데 저는 끝 까지 살아야 된다고 마음 먹었어요. 그런 생각으로 국정원에 들어간 거죠. 들어갔는데, 탈북인이 너무 많은 거예요. 그래서 놀랐어요. 한 300명 정도 있었던 것 같아요.

전 : 국정원이 그렇게 커요?

임 : 국정원 본사 말고, A지역에 있는 북한이주민 보호센터요.

전 : 그때가 혹시 코로나 시기 아니었어요?

임 : 제가 한국에 온 다음 달부터 코로나였어요.

전 : 되게 많았네요. 저는 20명 전후로 있으려나 생각했는데.

임 : 한 기수가 보통 100명 넘게 나오는데, 세 개 기수가 모여 있거든요. 그런데 거의 30~40대 여자들이 엄청 많아요. 남자들은 별로 없고. 근데 그때 남자들도 엄청 많았어요. 한 50명 돼 가지고. 저는 진짜로 죽을 각오를 하고 들어갔죠. 국정원에 들어가면 혼자 아니면 한두 명 정도만 있고 조사받을 거라 생각했거든요. 그런데 사람이 너무 많고 다 평화로운 거예요. (웃음) 그래서 뭐지? 생각했죠. 약간 충격을 받았죠. 한편으로는 남한에 탈북민이 이렇게 많다고? 생각했죠.

전 : 옆에 아저씨들이 이것저것 설명해줬겠네요.

임 : 옆에 아저씨들은 그냥 그랬어요. 어떻게 왔냐 정도만 물어보고요. 그런데 저는 묻는 말에도 별로 대답하기가 싫더라구요. 근데 북한의 심각한 상황을 이 사람들이 느껴서 남한으로 왔다고 해야 할까요. 어쨌든 느낌이 묘했어요. 저는 도시 쪽에서 살아서, 별로 어렵지 않게 살다 왔으니까요. 물론 북한 정부에 대한 실망이나 욕하는 것도 하지만, 먹고 살기 힘들다 정도까지는 아니었어요. 그러니까 대화 자체가 처음에는 거부감이 있는 거예요. 그래서 조사받을 때도 그냥 저에 대한 기초적인 데이터가 없는 거예요. 보통은 자기 학급에 누구 누구 있었냐까지 다 적거든요. 고등학교 다닐 때 초등학교 다닐 때도. 지도까지 다 찍어야 하고 그러거든요. 구글 맵으로 하니까, 데이터가 있는, 저에 대한 데이터가 일절 없는 거예요.

전 : 그래서 어떻게 했어요?

임 : 그러니까 제가 말한 것을 믿을 수밖에 없는 상황인 거죠. 이미 대사관에 들어갈 때 저는 각오를 했으니까, 제가 한국에 와서 북한에 충성했다는 말을 하기가 진짜 무서운 거예요. 말했다가 죽을 거 같아서요. 저는 엄청 충성분자였고 나름 열심히 살았잖아요. 그런데 못사는 나라에서 왔다고만 말을 한 거죠. 그리고 "뭐 했냐?"고 물을 때, "힘들어서 왔다."는 식으로만 대답했어요. 그게 대사관에서 축적돼서 국경을 넘어올 때 제 기초적인 데이터

가 되는 거거든요. 그래가지고 그냥 대사관에서 말했던 대로 했죠. 입당도 못 했고 그냥 군대 내에서 찌질하게 살다가 넘어왔다고 했죠.

전 : 데이터가 없으니까 믿을 수밖에 없네요.

임 : 당시는 진짜 사람들이 나에 대해서 너무 모른다고 생각했지만, 한편으로는 내가 솔직하게 말하면 죽을 수도 있겠다 싶었어요. 모르니까. 그냥 나는 북한에 대한 불만을 가지고 살았던 사람처럼 묘사하고 고등학교도 좋지 않은 데 다니다가 나온 걸로 하고요. 그렇게 조사받고 나왔는데 애들 말하는 거 들어보니까, 자기에 대해 다 알고 있어서 거짓말할 수도 없었다고 하더라구요. 그런데 나는 말하면 말하는 대로 믿어서 '왜 그러지?' 약간 이런 생각도 했어요. 그다음에 '하나원'에 나와서도 조용하게 살겠다고 생각했죠. 근데 사회에 나와보니 여기 오신 북한이주민들은 북한에서 자기가 잘 했던 것들만 말했더라고요. 그 경력이 한국에서 어느 정도 인정이 되는구나 싶었죠. 이런 걸 그때 안 거죠. 그래가지고 솔직하게 내 경력을 말할 걸이라는 느낌을 받았어요. 다 지나간 일이니까요. 근데 탈북민하고 대화할 때 보면 자기가 막 A국가에서 이렇게 저렇게 해서 잘 나갔다고 해요. 그렇게 따지면 북한에서 평범하게 살다 온 사람은 한 명도 없어요.(웃음) 그러니까 저는 오히려 이런 말을 하는 게 창피한 거예요. 너무 뻔하게 거짓말을 하니까요. 거짓말을 많이 하니까 인식이 바닥까지 내려갔다고 생각해요. 그래서 저는 그냥 "고만고만하다가 대충 힘들어서 왔어요."라고 말해요. 근데 A국가 같은 데서 도망치기란 진짜로 힘들어요. 무조건 집체적으로 움직여서요.

전 : 집체적으로? 집단으로요?

임 : 네. 군대보다 더 심하게 통제하거든요. 업무할 때도. 진짜 거의 1시간 2시간마다 인원 점검하고 그래요.

전 : 어디 못 가게? 외국인 만나는 거랑 못하게 하는 거죠?

임 : 네. 그래서 일 끝나면 집체 버스에 무조건 타야 하고요. 무조건 숙소에 내려줘요. 그럼 숙소 테두리 안에 딱 갇히는 거죠.

전 : 관광은 꿈도 못 꾸는 거예요?

임 : 관광 같은 건 생각도 못 하죠. 그러니까 외국에 나간다고 해도 그 나라 내부 사정을 모르는 거예요. 자기 일하는 현장하고 숙소밖에 모르는 거예요. 외국에 있다가 왔다는 사람들은 대부분 진짜 진짜 똑똑한 친구들이 많아요. 외화를 벌어야 하니까요. 그런 취지로 북한에서도 내보내거든요. 그 나라 원주민들 개인 집에다가 불법적으로 몇 명 내보내서 일 시키고 그래요. 그런 애들은 조금 자유로운 거죠. 그러니까 그런 애들이 지금 한국에 들어온 애들이고, 집단생활 속에 있다가 도망친 사람은 거의 없을 걸요. 저는 진짜 유일하게 혼자서 대표랑 같이 있고 했으니까 경로도 알았고 도망칠 수 있었던 거고요. 그런데 탈북민들은 북한에서 한자리했다고 하고, 자기는 너무 잘 살았고 막 이러니까 진짜인가 싶어요. 그런데 실제로 저는 북한에서의 삶에 대해 단 한 번도 후회가 없어요. 모든 순간이 저는 명예로웠고, 제 이야기하는 것에 대해서 창피하거나 기분 나쁘거나 하지 않았거든요. 행복한 나날들이었고 명예스럽고 했으니까. 근데 여기 와서 제가 행복하게 살았다고 하면 그냥 '뻥'처럼 여겨지니까 말도 못 꺼내는 거죠.

전 : 질문에만 답하는 정도네요?

임 : 그죠. 질문하면 대충 간단히 답하고 그래요. 자기소개하라고 해도 이런 말은 안 해요. 내가 북한에서 편하게 살았고 괜찮게 살았다라고 하면 대부분 탈북민들이 별로 좋아하지 않아요.

전 : 흔히 말하는 못 살고, 못 먹어서 한국으로 넘어왔다는 식으로 말하는 거네요. 요즘은 하나원에서 얼마나 있어요? 요즘에는 교육이 어떻게 변했을까 궁금하네요. 옛날에 오신 분들은 정말 아무것도 해주는 거 없다는 식으로

말을 많이 했거든요. 어때요?

임 : 제가 있을 때는 3개월 정도 하나원에 있었어요. 교육은 별로 변한 게 없어요. 거의 비슷하게.

전 : 진로 상담도 해주던데, 약간 의무적인 느낌이 들기는 하지만요.

임 : 의무적이고, 예산 쓰기 위해서 하는 느낌이에요. 진로 상담하러 오시는 분들이 전문 상담사분들도 아니고요. 대부분 지방에 있는 하나 센터에서 상담하시는 분들이 와서 해요. 그분들이 하는 상담 때문에 저는 진로에 대해서 많은 고민을 했어요. 좋은 의미가 아니라 나쁜 의미로요. 그러니까 상담 받으면 도움이 되고 힘이 나야 되는데, 더 복잡해지는 거예요. 한국에 오니까 아무것도 모르고 막막해서 진로 상담을 받는 거잖아요. 그런데, 북한에서 지낼 때처럼 '법학을 할 것인가, 의사로 할 것인가, 경영을 할 것인가'를 결정해야 하는데, 그게 어려웠어요. 저는 또 북한 군에 있을 때는 10년 동안 '준군의'로 일했거든요.

전 : '준군의'라면 의사인가요? 의대도 안 나왔잖아요.

임 : 네. 군대 의사였어요. 그러니까 (북한은) 군대를 가면 환자를 치료할 수 있게끔 교육시켜요. 6개월 내지 1년 동안. 북한군에는 위생지도원이라는 직무가 있어요.

전 : 아, 의과대학을 안 나와도요?

임 : 군대니까 기초적인 외상만 치료하면 되잖아요. 1차 치료만 하고 2차는 병원으로 옮기는 게 임무거든요. 저는 아무래도 제1중학교 때 공부했던 뿌리도 있고 하니까, 군대학교에 가서도 엄청 공부를 빡세게 했으니까, 그 열심히 한 거를 인정해주더라구요. 그때 '위생지도원학교' 졸업할 때 졸업 시험에서 모든 과목 만점을 받아서 군단 군의소장이 감탄하면서 상부에 보고

해서 군단장 표창까지 받고 그랬거든요. 너무 잘했다고. 그래서 빨리 위생
지도원이 됐고요. 그래가지고 평양의대 나온 의사 선생님이 있는데 그분
한테 3년 동안 의술을 배웠어요.

전 : 그럼 어떤 수술을 할 수 있어요? 기초적인 건 다 할 수 있는 거예요?

임 : 외상은 다 할 수 있는 거고, 맹장 수술까지도 했어요. 그건 부대에서도 많
이 했고요. 여기로 말하면 한의학이라고 하죠. 침 놓는 거는 엄청 배웠고
요. 그러니까 외국에 나가서도 제가 더 인지도가 높았어요. 외국에서 북한
사람들은 보험이 안 되잖아요. 일하다 보면 북한 사람들은 전기 기계를 쓸
줄 모르니까, 일하다가 자기 손 자르고 발 자르고 그랬어요. 그러면 병원에
가기에는 돈이 많이 드니까, 제가 다 수술하고 꿰매고 붙이고 했어요. 그러
다 보니까 대표가 나를 엄청나게 예뻐했죠.

전 : 아, 그런 걸 다 어떻게 해요?

임 : 이때까지 배운 게 그거고, 이때까지 그걸 계속 했으니까요.

전 : 그렇군요. 아니, 그래서 진로 상담은?

임 : 아, 진로 상담. 그래서 저는 세 가지 길을 생각한 거예요. 북한에서처럼 하
나는 법, 하나는 의대, 하나는 경제요. 이 셋 중에 하나를 고민하면서 상담
했어요. 상담하시는 분이 말하는 게 "변호사나 의사 같은 건 대한민국 사
람들도 힘들어서 못 하는데 네가 어떻게 하냐." 그렇게 말을 해요. "그거
하려면 10년 넘게 걸려서 못 한다." 그래요. 진짜 우리 '하나원' 기수 중에
서는 대학 다니는 사람이 저 하나밖에 없거든요. 젊은 애들도 공부 안 하고
돈 벌어요. 상담사들도 저한테 '정신차려라.'라는 식으로 말해줄 수도 있었
겠지만, 저는 꿈을 꾸고, 노력하고, 도전해보고 싶었거든요.

전 : 사람마다 다 다르니까요.

임 : 상담을 '하나원'에서만 5~6번은 받은 것 같아요. 진로 때문에요. 여러 사람한테 받기는 했는데, 물어볼수록 다들 똑같이 변호사나 의대 가는 것은 힘들다고만 해요. 그러니까 빨리 나가서 취업해라 정도로만 얘기해요. 그것이 이 사회에 정착하는 데 도움이 된다고 그래요. 그러니까 점점 인구 절벽이 생기잖아요. 탈북민들에게 하는 취업 상담의 목적은 현실을 알려준다는 명목하에 '빨리 나가서 취업해라.'라는 식이 많은 것 같아요.

전 : '돈이나 벌어라.', 이런 느낌이네요.

임 : 근데 교수님께서 말씀하신 대로 북한에서 온 사람들은 진짜 순진해요. 정부에서 하는 일이라면 그게 다 법인 줄 알아요. 근데 상담사들이 와서 "네 나이가 얼마냐?" 그러니까 고민스러운 거예요. 자꾸 그러니까 진로를 못 찾겠는 거예요. 그래서 내가 대학교를 2년 만에 들어간 거예요. 처음에는 뭘 해야 될지 몰랐으니까요. 그렇게 2년이 지나면서 어느 정도 파악했죠. 의사나 변호사도 자기 능력에 따라 10년 걸릴 일이지, 못하는 것은 아니구나 생각했죠. 그렇게 되다 보니까 내가 너무 빙빙 돌았다는 생각이 들어요. 그러다 30살이 돼서 학교에 들어오게 된 거예요. 만약 그때 상담사가 할 수 있다고 긍정의 말을 해주셨다면 저는 진로를 정해서 했을 거예요.

전 : 그러면 2년 정도 빨리 대학에 갔을 수도 있었겠네요.

임 : 그렇죠. 그 모든 길을 꺾어놓고 안 된다고만 했으니까요. 한국 사람들도 힘들어서 못 한다고 하니까, 저는 북한에서 와서 더 열등감이 있는데, 아무래도 불가능하겠다 싶었죠. 그래서 자신감이 확 없어졌죠. 그럼에도 대학은 무조건 가고 싶다고 생각했어요.

전 : 그러니까 그걸 알려주면 빨랐을 것인데요. 2년을 허송세월했네요.

임 : 희망을 꺾은 거죠. 그러니까 더 막막한 거예요. '하나원'에서 교육하는 것 자체가 너무 비하적인 것도 있어요. 우리 사람들을 너무 평가절하하는 것

이 있어요. 그러다 보니까 나가서 구실도 못할 애들도 있겠다 싶은 거예요. 나가서 돈 쓰고 다니지 말고, 그냥 부지런히 돈 벌고 하라는 거죠. 그게 제 일이라고. 그러니까 아예 희망과 꿈이 없으면 무쇠처럼 일만 열심히 해야 한다는 느낌의 교육을 시킨 거죠. 괜히 여성들을 잘못 터치하면 문제가 생긴다고 하고, 특히 지하철 탈 때도 조심하라고 하고 그래서 무서웠어요. 그래서 저는 '한국에서 인간으로는 못 사는 것인가?'라는 생각도 했어요. 물론 이런 결과가 나오는 데까지 그만한 이유는 있겠죠.

전 : 근데 저는 그분들보다 북한이주민들이 먼저 어쨌든 여기에 왔으니까, 여기 시스템이 일단 전문적으로 갖춰져야 한다고 생각해요. 시스템은 체계적이어야 하니까요. 다 말할 수는 없어도 어떤 그룹이든 교육 수준이 다 각자 수준에 맞게 달라야 할 필요가 있으니까. 진로 상담이라는 것도 사실은 각자의 개성이나 취향에 따라서 나아가는 방향이 다를 수 있잖아요. 이런 것들을 체크해 주고 그거에 맞게 방향을 제시하는 사람이 진로 상담사예요. 그런데 그 사람이 싹을 잘라버리듯이 말한 것은 적절치 못한거죠. 북한에서 오신 분들은 전기세를 낼 줄도 모르고, 카드 포인트도 사용하지 못하고, 지하철 카드도 사용할 줄 모르는 분도 있어요. 다 다르니까요. 그런데 그것을 왜 못 하냐고 하면서 욕만 하면 안 되겠죠. 어떤 구조 시스템을 먼저 잡아야지, 그래야만 똑똑한 애들도 한국에 와서 자리를 잡고 기죽지 않고 살 수 있지 않을까 싶네요.

임 : 맞아요. 대학교에 들어갈 때도 어떤 애들은 부모들이 이미 그 친구의 궤도를 정해주더라구요. 교육을 받으나 마나 똑같은 느낌도 들었어요. '하나원'에서도 상담사도 "너 나가서 이 사회에서 말썽부리지 마라."는 식의 주입식 교육을 한 것 같아요. 제 느낌에는 그래요. 일하겠다는 사람에게 '어떤 직업이 있으니까 해봐라.'는 식이 아니라, '일을 하려면 어떤 게 필요하다.'는 식이 아니라, 3개월 동안 할 일 없이 계속 가둬둔 느낌이랄까요.

전 : 결론적으로 별 도움이 안 된 거네요.

임 : 만약 저같이 대학 가고 싶다고 하면 3개월 동안 준비시켜서 보내야 할 거 아닌가요. 안 그래도 늦었는데. 하루라도 빨리 넣어줘서 적응하게끔 해야 하는데, 그렇지 않더라구요. 여자들도 대안학교에 다니고 하면 상담하러 대안학교 선생님들도 가고 그러더라고요. 10대들은 진로 상담을 어떻게 하는지 저는 몰라요. 제가 들은 바에 의하면 대안학교에 가서 대학 준비하면 입학할 수 있다고 그랬어요. 저는 대안학교에 가야 되는지도 모르고 대학교는 어떻게 가는지도 모르고 들어갔어요.

전 : 그래요. 그러면 요즘에는 '하나원' 나오면 얼마 받죠?

임 : 지금은 보증금이 총 천만 원 중반대에요. 그걸 보증금으로 주는 거예요. 보증금을 LH에다 주는 거죠. 대부분 다 집이 없으니까 임대집에서 살라고 하는 거죠. 그리고 하나원을 나올 때 정착지원금으로 일인당 천만 원이 안 되는 돈을 총 3개월에 나누어 주었던 것 같아요. 지금은 바뀌었는지 모르겠어요. 학교 가는 학생들한테는 등록금 주고요.

전 : 그거 말고 다른 혜택이 있어요?

임 : 〈하나원〉을 나오면 총 6개월 동안 생계급여를 줘요. 그 외에 취업하면 탈북민들만 가입할 수 있는 미래행복통장이라는 제도도 있고요. 4년 이상 4대 보험 되는 회사에서 꾸준히 일하면 목돈을 만들 수 있는 제도입니다. 그리고 국민임대 집을 주죠.

전 : 그럼 집 안에 있는 가전제품은 어떻게 구매해요?

임 : 그거는 나올 때 120만 원인가 상품권을 줘요. 냉장고나 세탁기 살 수 있게요. 근데 120만 원 가지고 사봤자 냉장고 한 대만 해도 100만 원이 넘잖아요. 그러니까 어렵더라구요. 근데 저는 북한에 있을 때 국가에서 주는 밥을 먹고 살았다고 해야 하나? 실제로 그랬거든요. 그래서 시키는 대로만 곧이 곧대로 살아왔으니까요. 그러니 한국에 나왔을 때 어렵더라고요. 다른 애

들은 이 나라 물정을 거의 다 잘 아는 거예요. 그러니까 다 자기네 옆집에 와서 동창회하고 자기 친구들끼리 만나고 하더라고요. 그러니까 정보를 아는 거죠. 내 기수들만 보면 진짜 아무것도 없는 상태에서 혼자 나온 경우가 많았어요. 또 처음 한 달 동안은 집을 못 받아가지고 노숙자들이 지내는 '쉼터' 가서 있었거든요. 거기 들어가 보니까 한국에 온 지 몇십 년 됐는데 노숙자가 된 사람도 있었어요. 거기서 한 달 버티고 있다가 집 받아서 가는데, 이미 한 달 동안 저는 서울에서 대안학교 들어가고 공부해서 대학 가겠다고 마음을 먹은 상태였어요. 그러다가 회사도 들어가서 일하다 보니까 ○○에서는 살 수가 없는 거예요. 그래서 ○○집은 2년 있다가 반납했어요.

전 : 그걸 서울로는 안 바꿔주는 거예요?

임 : 안 바꿔줘요. 반납하면 자기 돈으로 살아야죠. 그러니까 그거는 뭐 할 수 없는 거고. 그렇다고 해서 ○○에 가서 뭘 어떻게 할 수도 없잖아요. 그래서 돈을 계속 벌면서 살았죠. 처음에는 대안학교에 들어갔는데, 저랑 안 맞더라구요. 사실 다 자기들만의 어려움이 있잖아요. 그러니까 그거를 탓할 수는 없는데 약간 저랑 안 맞으니까 힘들더라구요. 저는 목적 지향적인 게 좀 강하니까요. 그래서 그 교육에 실망해서 회사에 취직해서 일했죠. 공부는 회사 다니면서 자체적으로 했어요.

전 : 회사 다니면서요?

임 : 그랬죠. 그러면서 그냥 나를 알아봐주고 나 받아주는 대학교에 가서 공부하고, 최종적으로는 미국의 로스쿨이나 대학원에 가야겠다고 생각했어요. 그런데 북한 군대에서 10년 동안 복무했잖아요. 그러니 공부를 제대로 할 수가 없었겠죠. 근데 국정원 담당했던 팀장이 나보고 "내가 보기에 너는 일반 북한이주민하고 다르니까 나가서 꼭 공부하라."고 했어요. "눈을 좀 넓게 보기 위해서 무조건 유학도 가라, 절대 주변의 말 듣지 말고 열심히 네가 원하는 방향대로 살아라."고 했어요. 그분 말이 진짜 힘이 되고 그랬어요.

전 : 진짜 참 좋은 분 만났네요.

임 : 그렇죠. "넌 나가면 꼭 공학계열이나 이과 쪽으로 갔으면 좋겠다, 너 같은 사람은 진짜 북한 사람 중에서도 본 적이 없어." 그러면서 그분이 나한테 늘 말했던 게, "내가 보기에는 사실 너도 태영호나 이런 높은 사람들이 조사받는 데 가서 조사받아야 하는데." 그랬어요. 그러니까 그분이 "정보력이나 니가 했었던 모든 위치나 이런 거 보면 그런 데 가야 된다. 그러니까 넌 나하고 한 달만 더 있을래? 그러면 내가 그런 데 보내줄게." 그랬어요. 그때는 그 말을 듣고 내가 철이 없다 보니까, "저 빨리 나가고 싶어요."라고 말했어요. 왜냐면 '이제 감옥에 갇히는구나.'라는 느낌이 계속 들었어요. 나를 가두어놓고 조사를 한다고 생각했어요. 감옥에 계속 잡혀 있어야 된다는 생각, 그리고 조사받을 때 독방에 있어야 한다는 생각이 강했어요.

전 : 오해할 수도 있었겠네요. 감옥같이 된 구조에 갇혀서 조사받는다는 것?

임 : 네. 어쨌든 그 국정원 팀장의 말이 힘이 됐어요. 그분이 한국 사회에서 북한 사람이 희망을 꿈꾸기에는 너무 어렵다고 했어요. 그러면서 "너는 나가면 꼭 유학도 가고 너의 식견을 넓혀라."고 했죠. 그러면서 그분이 저한테 "연락처를 업무상 알려줄 수는 없는데, 지켜보고 있을 거니까 꼭 잘 살아라."라고 했죠. 그러면서 "한 달만 더 있으면 네가 원하는 대로 보내겠다."고 했죠. 근데 저는 "감사하긴 한데 그냥 나가겠습니다." 했어요. 그분한테서 제일 힘을 얻었어요. 여기 나와서 대학교 들어오기 1~2년 정도는 이 사회에 대한 실망을 느꼈어요. 그래서 북한이주민 중에 자살하고 하는 사람들이 있는 거 보면, 물론 개인적인 역량 차이가 있겠지만 주변에 얼마나 사람이 없었으면 그랬을까 싶어요. 그럼에도 불구하고 난 여기에 살아서 온 목적이 있잖아요. 부모들 다 버리고 무조건 희망을 찾아서, 성공해서 부모들한테 간다라는 목적을 가지고 나왔기 때문에 힘든 건 참아야 한다고 생각해요. 그러나 '사람들이 왜 자살할까?'라는 마음은 이해가 돼요. 처음에 대학교 입학 면접 보러 갔을 때, 북한에서 이과대학이나 대학을 나왔다고 하면 조금 가산점을 주는 것 같더라고요. 그런데 내가 지난 10년 동안 군

복무만 했다고 하면 북한 사회에 대한 세뇌 교육만이 머릿속에 박힌 줄 알고, '돌대가리'겠거니 생각도 하는 것 같아요. 10년 동안 공부 안 하고 군 복무만 했으니까 그럴 만도 하죠. 그러니 점수가 높은 대학은 제가 들어가기에 진짜 한계가 있더라구요. 만약 들어가려면 진짜 또 뼈 빠지게 공부해서 들어가야 하는데, 그것은 힘들구요. 그래서 최종적으로 내린 결론은 나를 받아주는 대학교에서 최대한 감사하게 생각하고 무조건 명예롭게 졸업하리라 생각했죠. 그래서 지금 OO대학교에서 저를 받아줘서 OO대학교에게 감사함을 느껴요. OO대학교는 서류 전형이나 이런 걸 안 하고, 심플하게 〈국어〉, 〈영어〉 시험 보고, 점수에 맞게 입학시켜 준다고 하더라고요. 수능은 아니고, 대학 자체적으로 두 과목을 보더라구요.

전 : 그럼 문제 유형이 뭐예요? 사지선다예요? 아니면 서술도 있는거예요?

임 : 서술도 있고 사지선다도 있어요. 그런데 면접도 없어요. 특이하죠? 그러니까 누구나 다 붙여주려고 하는지 모르겠는데 일단은 그냥 객관적으로 시험 성적만 보고 평가한다는 느낌이었어요.

전 : 학과 상관없이요?

임 : 문과 쪽은 〈국어〉하고 〈영어〉 보고 이과 쪽은 〈국어〉하고 〈수학〉 봐요. 근데 나는 당시에 개인적으로 느낌이 좋았던 게, 서류를 내고 해도 보여줄게 하나도 없잖아요. 내세울 게 하나도 없는 거예요. 그러니까 너무 속상한 거죠. 근데 OO대학교는 그런 거 하나도 요구를 안 했어요. 자기소개서만 냈거든요. 그리고 시험 성적으로만 평가한다고 하니까, 너무나 감사했죠.

전 : 교수 미팅도 안 했어요?

임 : 네. '이게 내가 원하는 진정한 대학이다.'는 생각을 했어요. 그냥 현재의 성적만 보고 뽑겠다는 거잖아요. 그래서 좋았어요.

전 : 근데 대학 정보는 어떻게 알았어요? '이 대학에서는 어떤 시험을 본다더라.' 하는 거요.

임 : 그러니까 공시가 나오잖아요. 그거 보고 〈영어〉하고 〈국어〉 시험만 잘 보면 붙겠다 싶었죠.

전 : 그 시험은 족보 같은 게 있어요? 시험 문제 유형이나 이런 거요. 좀 알아야 되지 않나요?

임 : 우리 북한이주민 시험 유형 중에는 그런 게 없어요. 그냥 가서 〈국어〉하고 〈영어〉 시험 본다는 것만 제시해줘요. 그러니까 수능 기출문제 보면서 풀었죠.

전 : 대학교에 막상 가니까 어때요?

임 : 좋아요. 물론 마음 한쪽 구석에는 계속 '의대에 갈 걸, 법대에 갈 걸, 서울대 갔으면 충분히 뭔가 했을 걸.' 이런 마음이 있어요. 더 좋은 대학교에 가서 로스쿨을 생각했거나 이런 방향성이 있을 수도 있었겠죠. 지금에 와서 진로를 잡다 보니까 마음 한구석에는 그때 상담사들에 대한 미움이 있기는 해요. 하지만 여기서 내가 시작했으니까 무조건 여기서 빨리 성공해야 되겠다는 마음뿐이에요. 그리고 여기 대학교 이사장님이나 총장님들도 많은 관심을 가져주어서 너무 좋아요.

전 : 북한이주민에 대해서 호의적으로 지지해주는 분위기인가요? 학교가?

임 : 막 적극적으로 해주는 느낌은 아닌데, 관심은 있어 해요. 근데 저 같은 경우는 나이가 많은데도 받아줘서 감사하게 생각해요. 학교 총장이나 이사장 선생님들과 관계가 좋고, 교과 선생님들과도 관계가 좋아서 너무 만족스러워요. 학교 다니는 데 더 바랄 게 없어요.

전 : 정말 더 원하는 거 없을 것 같네요. 근데 진짜 어떻게 보면 옛날얘기 같은데 5년밖에 안 된 얘기네요. 한국에서 5년 정도 살아보니까 어때요? 한국 사회가 여러모로 이해되면서도, 한편으로는 내 위치나 미래의 방향을 점검할 필요도 있잖아요.

임 : 그런 감은 이미 왔고, 평범하게 살자고 하면 무한 평범하게 살 수 있고, 꿈을 가지고 살자고 하면 그만큼 길이 열리는 사회고, 약간 그런 느낌이 있더라고요.

전 : 그러니까 욕심도 생기고 그래요?

임 : 네. 욕심이 생기죠. 그러니까 북한에서 배웠던 한국 사회하고 너무나 다르잖아요. 그리고 또 한국사회에서는 '그냥 평범하게 일이나 열심히 하고 돈 모아서 집 사라.' 이렇게 배웠는데.

전 : 그러면 최종 목적이 집 사는 거예요? (웃음) 서울에서 자력으로 집을 사려면 너무나 힘들죠. 죽을 때가 돼도 못 살 수도 있어요.

임 : 그죠. 근데 살아보니까 집 살 필요도 없고, 능력만 되면 얼마든지 전세 들어가서 살아도 충분히 잘 살 수 있는 거 같아요. 할 것도 많고요. 굳이 집을 사야 하나 하는 필요성도 못 느끼기도 해요. 한편으로는 여기서 하층민으로 살아야 하는가에 대한 고민도 있었어요. 근데 나와서 살아본 결과는 한국 사회가 또 그렇게 꽉 막힌 사회는 아니라고 생각했어요. 물론 편견도 많은 게 사실이지만 개인적인 능력으로 올라갈 수도 있는 사회잖아요. 내가 그만큼 준비해서 위로 올라가면 되지 않나 생각도 해요. 여기서는 미국에도 자유롭게 갈 수 있고 아무 나라나 자유롭게 나가서 살 수 있잖아요. 능력만 있으면 다 된다고 생각하려구요. 그러니까 '지금이라도 정신 차리고 하자.'는 마음을 갖고 있어요.

전 : 네. 알겠습니다. 그러면 다음 질문으로 가볼까요? 고향에 있을 때 봤던 김

일성, 김정은과 지금 인식하는 김일성, 김정은은 어떻게 다를까요?

임 : 그때는 너무나 우상화되어 있어서요. 거의 신 같은 존재였죠. 그렇다고 신은 아니라고 생각했어요. 그럼에도 불구하고 어떤 느낌이라고 할까. '저 사람들 없으면 북한이 없다.'는 느낌이라고 할까요? '우리는 완전 하나다.'라는 느낌이요. 가장 중요한 거는 김정일이 죽었을 때, '앞으로 이 나라는 어떻게 되는 거지?' 약간 이런 느낌이 들었어요. 저는 고등학교 다닐 때 대통령을 하고 싶었어요. 평양은 최근 국제 소식이나 이런 거 볼 수 있거든요. 최근 국제 소식이라고 하면 외국의 뉴스를 볼 수 있는 거예요. 30분씩 평양만. 외국 주요 뉴스만 보여줘요.

전 : 혹시 미국이요?

임 : 그건 상관없어요. 국제 최근 소식이라고 해서, 수출하는 소식이나 그런 거요.

전 : 평양 아닌 데서는 못 보는 거죠?

임 : 평양 외 지방들은 안 나와요. 채널이 없어요. 진짜 평양 남포, 평안도 딱 그 중심지만 나오는데, 그런 뉴스 보면서 '난 대통령 하고 싶다.' 약간 이런 생각을 했어요. 근데 북한에서는 대통령 못하겠다고 생각했죠. 이미 대통령이 정해져 있으니까요. 이런 걸 알았으니까, '대통령이 안 되면, 김일성이나 김정일하고 가장 가까운 데 가서 핵심적인 인물이 돼야겠다.'는 생각을 하며 살았거든요. 그래서 저는 그때의 느낌상으로는 북한에 대해 불만이 많았지만, 그 불만이 김정일이나 김정은한테 쏠려 있기보다는 중간 계층한테 쏠려 있었어요. 북한의 일반적인 느낌이 다 그럴 거예요. 다른 분들은 어떤 느낌을 받으시는지 모르겠지만, 살짝 착각을 자꾸 하는 것 같아요. 한국 사회에서는 북한사람들의 분노가 김일성하고 김정은에게로 향하고 있다고 생각하는 경향이 있어요. 그런데 사실은 그게 아니라, 제가 보기에는 김정은이나 김일성에 대한 분노보다는 그 밑에 중간 계층이, 상부의 지시를 수행하는 간부들이 '나쁜 놈들이다.'라는 인식을 많이 가지고 있는 거예

요. 그래서 그 분노가 다 위로 올라가는 게 아니라 그 중간 계층한테 가거든요. 그리고 직접적으로 못되게 나오는 놈들도 있거든요. 저도 그런 모습들을 보면서 '김일성이나 김정은 곁에 가면 정의에 맞게끔 훌륭하고 정의로운 사람이 될 거다.'라는 생각을 계속 했어요. 그렇게 시각을 넓혀 올라가길 바랐죠. 그렇게 그 사람들을 싫어했거나 하지는 않았어요.

전 : 그렇군요. 그러면 지금 여기 와서 보는 김일성과 김정은은 어때요?

임 : 약간 차이가 있다라고 하면, 제가 대학 공부하면서 보면 이해가 돼요. 그러니까 그 시스템이 왜 그런 식으로 갈 수밖에 없는지, 왜 그렇게 유지하고 있는지 이해가 돼요. 그럼에도 불구하고 잘못하는 건 너무 많죠. 물론 인권을 무시하고, 주민들이 힘들 게 사는데도 개선이 안 되는 것은 당연한 사실이에요. 감히 부정할 수는 없어요. 근데 '왜 그들이 그 진로를 택했고 그 방향으로 갈 수밖에 없는가'라는 거를 너무나 잘 보여주고 있는 상황이 있어요. 사실은 김정은이가 하고 있는 방향성도 어느 정도 자기 나름대로의 객관성이 있어요. 지금 이렇게 말하면 안 되지만, 이렇게 말한다고 해서 제가 북한을 좋아하거나 이런 건 아니에요. 다 이유가 있다는 거죠. 한국을 보면 경제력이 좋잖아요. 그러다 보니까 국민들은 편하죠. 북한 같은 경우는 어디에도 휘둘리지 않고 주체성을 유지하는 느낌이고요. 근데 여기는 자립이나 독립성이 없잖아요. 그러니까 거의 식민지 느낌이잖아요. 약간 이런 느낌이 있는 거예요. 만약 북한처럼 독불장군으로 '난 안 해.'라고 하면 한국은 그런 발언권이 없는 거예요. 그러니까 자기 국가와 정체성 자체를 잃어가는 느낌이 들 때도 있어요. 그러니까 지금 수출이나 수입으로 살아가는 국가가 됐고, 미국에 대한 의존도가 너무나 높아지고 있잖아요. 미국에서 대통령이 이래러 저래라 하면 거기에 따르잖아요. 예전에 트럼프가 '방위비를 무조건 분담해라.'고 했을 때 어쩔 수 없이 분담해야 된다고 하잖아요. 다 세금에서 나가는 돈인데도요.

전 : 아 정체성 면에서, 국가 정체성요.

임 : 미국에서 볼 때 북한은 봉쇄도 더 할 게 없는 거예요. 경제시장을 막아놨으니까. 그런데 미국은 "쟤네는 이미 핵도 가지고 있고, 자기네 핵을 국격화 해가지고 그걸 거의 세계 국제사회에 정당화를 하고 있는 느낌이다."고 하고, 러시아하고 협력하고 있으니까 어느 정도 지금 풀려나가고 있다고 보는 거죠. 그러니까 이런 모습에 있어서는 일장일단이 있는 거예요. 국가의 정체성을 살리고 독립적인 나라가 되자는 것이 북한에서 계속 말하는 거예요. '우리가 일제 식민지처럼 살 수는 없다.'는 것이죠. 그래서 무조건 자주적으로, 독립적으로 살아야 한다는 입장이에요. 그런 측면에서 보면 한국은 국민들이 잘 살고 자유화되고 글로벌화 됐지만, 국가적인 측면에서는 자신의 목소리를 당당하게 내고 그것을 밀어붙일 수 있는 그러한 환경이 못되는거죠. 한국이 정치를 잘하고 있다고 생각하지만, 북한에서는 한국이 정체성을 다 바꾸고 미국에 귀속되는 국가라고 봐요. 만약 '머리를 숙여라.'고 하면 그럴 수밖에 없는 나라가 한국이라고 보는 거죠. 따라서 북한의 입장을 조금 긍정적, 부정적 시선 둘로 나누어서 평가를 해본다면 긍정적으로 볼 수 있는 부분은 자신들의 국격을 지키고 당당하게 목소리를 낼 수 있고 그것을 유지한다는 것이 긍정적인 것 같고요. 부정적으로는 국가 즉, 정권유지를 위해서 국민들의 인권이나 행복한 삶에는 관심이 없이 국민의 입장이 아닌 국가의 입장을 더욱더 강조한다는 것이 매우 부정적인 것 같습니다.

전 : 그럴 수도 있겠네요.

임 : 정치 경제적, 국제사회의 국격을 떠나서, 한국은 그냥 국민을 위한 사회 시스템이 잘 갖춰진 나라 정도로 봐야겠네요. 그러니까 인권적 측면이나 자유적인 측면에 있어서는 너무나 자유롭고 평화로운 거죠. 자기가 원하는 대로 말할 수 있고 표현할 수 있는 자유가 있고요. 한국은 국가적인 입장보다 국민적인 입장이 우선인 국가라고 평가하면 좋을 것 같아요.

전 : 길 가다 경찰 만나면 기분이 어때요?

임 : 북한에서는 경찰만 지나가도 무서워서 눈치 보면서 피해 다니고 이런 느낌인데, 여기는 그런 게 없잖아요. 그러니까 그런 측면에 있어서는 훌륭한 거죠. 대통령한테도 삿대질할 수 있고 자기 의견을 말할 수 있는 게 얼마나 좋아요. 민주주의의 모습을 반영하고 있는 거잖아요.

전 : 근데 한국에서도 조금 깊이 들어가면 다 살기 힘들다고 그래요. 그런 얘기들 주변에서 되게 많이 하거든요.

임 : 살기도 어렵겠죠. 근데 조금 더 깊이 들어가면 북한이나 다를 바 없죠. 권력에 의해서 움직이고 돈에 의해서 움직이고. 돈 있는 사람은 돈 있는 만큼 자기 세상이고요. 추악한 일도 다 하고, 권력 있는 사람은 권력에 의해서 움직이는 게 북한이랑 똑같아요. 권력 있는 사람들을 보면 그걸 느껴요. 진짜 권력 있는 사람들한테 가면 그 주변에 있는 사람들은 누군가를 위해서 다 뭔가를 해요. 그리고 실질적으로 국회의원들, 보좌관들 역할을 하는 것만 봐도 임금 모시듯 하잖아요. 북한이나 한국이나 근본 시스템은 본질적으로는 다르지 않다는 거죠. 다만 민주주의라는 사회 시스템이 있는 것이고, 미국이라는 사회에 눈치를 보느냐 안 보느냐의 차이겠죠. 그래서 두 사회를 비교했을 때 이 나라가 너무 좋다고 말하기는 어렵죠. 물론 한국은 여기온 북한이주민들에게 있어서 그야말로 천국의 느낌이 그럼에도 인간이 살아가는 방식이나 위계질서는 너무나 많이 닮아 있는 것 같아요. 그래서 저는 역시 한반도는 한민족이구나 라는 걸 느끼는때가 종종 있습니다.

전 : 그러니까 주관적 가치관이 중요한 거네요. 가끔 타인의 소리에 반응은 할지라도?

임 : 맞아요. 물론 조언을 듣고 움직일 때도 있지만, 웬만하면 제가 이때까지 해온 방식대로 해요.

전 : 다른 사람들 조언은 참고만 하는 정도네요. 결론적으로는 정체성에 관해서 보면 북한 출신 남한 사람이라고도 하고, 북한 출신자라고도 하고요. 어

떻게 보면 다중 정체성을 갖고 있는 거잖아요. 굳이 말하자면 임지호만의 어떤 장점 같은 거 있을까요?

임 : 음... 저는 그런 측면에서는 그냥 '어떤 상황에서도 굴하지 않고 뭐든 해낼 수 있다.' 정도요.

전 : 아, 의지가 있네요.

임 : 그런 의지가 누구보다 강한 것 같아요. 그러니까 그런 거에 대해서 너무나 감사하게 생각하고 있어요.

전 : 그런 의지는 어디서 나온 것 같아요?

임 : 그러니까 북한에서도 이미 경험했었고, 고등학교 때도 경험을 했고요. 군 대에 가서도 경험 했고, 그 경험에 의해서 저는 계속 살았잖아요. 경험에서 오는 거 같아요. 제 성격상 뜬구름 잡기보다는 직접 경험하거나 확신이 들 기까지는 뭔가 실행하지 않아요. 근데 제가 했던 모든 고생과 고난, 그리고 위치를 갖기까지의 노력들을 따져보면서 '노력해서 못 얻을 건 없구나.'라 는 겁니다. 물론 한계는 있겠죠. 사람마다 바라보는 시각 차이가 있으니까 요. 못 얻을 것도 반드시 존재하는 건 사실이겠지만, 제가 느끼기에는 '목 표가 명확해지고 그것을 얻기 위해서 끝까지 가면 무조건 달성할 수 있다.' 라는 겁니다. 그러니까 '죽더라도 어떤 사소함에 흔들리거나 굴하지 말자.' 는 신념이 누구보다 강해요. 그래서 주변 사람들이 막 흔들거나 하는 것에 신경을 안 써요. 내적 자원은 너무나 많아요. 사실은 그러니까 죽어도 경험 못할 그런 걸 많이 경험한 느낌이랄까요.

전 : 그 경험 자체가 자원이 되네요.

임 : 네. 저는 경험 자체가 자원이에요. 여기서 우리 대학교 친구들이나 어떤 친 구들이랑 대화할 때, 한국을 '헬조선'이라고 표현하잖아요. 그럴 때마다 저

는 마음속으로 '감사함을 알아야 된다.'고 말해요. 물론 친구들한테 이 말을 입 밖으로 내지는 않아요. 이미 그 사람들은 여기에 태어났는데, 이 사회에 대한 감사함이 부족한 것 같아요. 자신들이 얼마나 좋은 환경에서 태어났고, 또 그래서 얼마나 일할 수 있는 원동력이 많은지 모르는 것 같아요. 그래서 저는 늘 귀중한 자원을 갖고 있다고 생각해서 감사한 마음이 있어요. '나는 이 모든 순간이 감사하다.' 이게 제일 큰 것 같아요. 일상을 살다 보면 누구나 힘든 순간이 오잖아요. 그래도 일 자체가 감사할 때도 있거든요. 그 마음을 항상 가지고 사는 거예요.

전 : 그런 생각은 의식적으로 갖는 걸까요? 아니면 저절로 우러나오는 걸까요?

임 : 무의식적으로 갖는 것도 있겠지만 경험에서 우러나오는 듯합니다. 그러니까 이렇게 자유롭게 커피숍에 앉아서 커피를 마시는 것 자체가 북한에서는 상상도 못할 일이라서 감사하고요. 내 눈에 보이는 모든 사물이나 환경이 지금 나한테 소중하고 감사한 풍경이라 생각해요.

전 : 10년 지나고 20년 지나면 지금 감사한 마음이 좀 사그라들까요? 아니면 여전히 감사한 마음을 지니며 살아갈까요?

임 : 저는 계속 의식할 것 같아요. 어떤 측면에서는 저한테 큰 동력이 되니까요. 처음에 한국에 왔을 때는 '북한에 있었으면 더 잘 나갔을 텐데.'라는 후회가 있었어요. 진로를 선택할 때에도 북한에 있었으면 자연스럽게 좋은 곳에 갈 수 있었을 텐데 하는 마음이 컸죠. 그냥 내가 편안하게 자유롭게 살 수도 있었겠다는 느낌도 있었어요. 그런데 한국에 오니까 소속감도 없고 재미도 없고 그랬어요. 그런데 공부를 하면서 점차 한국사회를 알아갔죠. 그런데 이상하게도 한국사람들은 이 사회에 대해 감사함을 잘 모르고 산다는 느낌을 받은 겁니다. 근데 만약 북한에 가도 제 마음속에서는 감사함을 찾을 것 같아요.

전 : 북한에 있을 때도 지금처럼 감사한 마음이 컸어요?

임 : 아니요. 전혀 못 느꼈어요. 살아가면서 보니까 내 주변의 모든 게 다 너무나 감사하다는 생각을 한 거죠. 내가 이렇게 살 수 있다는 것 자체가 감사하죠. 그 힘든 탈북 과정과 역경을 겪고 나니까, 숨쉴 만하니까, 이 모든 게 감사하다고 느껴지는 거예요. 처음에는 경황도 없어서 감사하다는 것 자체를 몰랐어요. 고향에서는 '감사합니다.'라는 말을 잘 안 써요. 이 말은 정말로 신중하게 나오는 말이거든요. 그러니까 '진짜 감사할 때', 개인적으로 도움을 크게 받았을 때, 거의 죽기 직전이었는데 어떤 도움 덕분에 살게 됐을 때 말하는 거예요.

전 : 아, 진짜요? 감사함의 개념이 좀 다른가봐요. 그럼 누가 밥 사주거나 하면 뭐라 그래요?

임 : '잘 먹겠습니다.'그래요. 그런데 북한에서는 밥 사주는 일이 거의 없죠. 만약 '밥 사준다' 그러면 '잘 먹었습니다.' 그래요. 그러니까 북한의 '감사'와 남한의 '감사' 개념은 다른 느낌이에요.

전 : 그러니까 어떻게 보면 지금의 마음 상태가 대체로 평온하다고 할 수도 있겠네요.

임 : 평온한 시점이죠. 제가 감사함을 느낄 수 있었던 가장 큰 이유는 탈북할 때 너무 힘들어서 그런 것 같기도 해요. 그러니까 내가 살아서 마음 졸이고 했던 거, 하다못해 진짜로 이 세상에 돌아가는 모든 만물이 다 소중하다고 계속 생각해요. 때로는 힘들고 지쳐서 막 짜증이 날 때도 있는데, 그때 정신을 차려보면 모든 것이 감사해요. 내가 이런 시련을 겪는 거 자체가 너무 감사해요. '감사'는 제가 이런 생각을 하게 한 원동력이기도 해요.

전 : 그러니까 이런 얘기를 들으면서 저도 저에 대해서 생각해보게 되네요. 사실 저는 임지호만큼 감사를 느끼지 못하는 거 같거든요.

임 : 네, 저도 탈북할 때 진짜 힘들고 목숨을 걸고 온 거잖아요. 물론 탈북할 때

만큼 여기 와서 정착하기도 힘들었지만요. '앞으로 어떻게 살아야 되나, 그런데 나는 평범하게 살고 싶지 않다.'는 게 계속 제 마음 속의 말이었거든요. 부모님들 다 버리고 한국에 왔는데, 제가 평범하게 살면 안 되죠. 그런 마인드가 있는데, 생각대로 되지 않는 거죠. 근데 진짜로 감사함을 느끼면서 살아야겠다는 생각을 늘 해요. 근데 또 한편으로는 탈북하신 분들 중에 이런 감사한 감정을 느끼며 사는 분이 몇이나 될까 싶어요. 그러니까 죽음이 한순간처럼 느껴져요. 죽는 건 힘든 게 아니라 쉽다는 생각도 들어요. 그러니까 내가 사막에서 뛰다가 죽을 수도 있었잖아요. 경찰한테 쫓기기도 했고, 북한 사람들 따라오면 도망치기도 하고 그랬거든요. 진짜 그러니까 극한 상상을 할 때가 있어요. '내가 어느 골목에 들어갔는데, 잡히면 죽을 수도 있겠구나' 이런 상상도 해요. 그 임박한 상황에 내가 가슴을 조리면서 있을 생각을 하면 마음이 아프죠. 지금은 누구한테 쫓기지 않고 누구 눈치 보지도 않고 사는 거잖아요. 그러니까 행복하고 감사한 거죠. 그때는 기어다니고 날아다니는 벌레도 소중해서 함부로 다치지 않게 조심했어요. 진짜로요. 제가 A나라 이민국의 감옥에 잠깐 들어가 있었어요. 이민국 감옥에 들어가 보니까 그 감옥에서 산 사람 중에 30~40년 된 복역자도 있었어요. 그 나라 주민으로 살아야 하는데, 그 나라에서 받아주지 않아서 30~40년 동안 감옥에서 지낸 거죠. 19살에 들어왔는데 69세가 된 사람도 봤어요. 그분을 보니까, 마치 내 미래 같아서 너무 힘들었어요. 그때 '누가 날 죽여도 좋다, 나를 받아줄 만한 나라가 없구나.' 싶었어요. 탈북했는데, 한국하고 연락이 안 됐을 때는 실제로 그런 마음이 있었어요. 그때 인간이 죽는 건 한순간이라고 생각했어요. 죽는다고 생각하니까, 내가 그동안 나쁘게 대했던 사람들이 떠오르면서, 그분들한테 미안한 마음이 드는 거예요. 내가 부드럽게 대했더라면 어땠을까 생각되더라고요. 내가 그들의 마음을 열고 한 번 더 안아줬더라면 얼마나 좋았을까 싶었어요. 내가 살아서 나가면 세상 모든 사람과 절대로 등지지 말고 상처든 아픔이든 다 내가 품고 가리라 생각하며 살았어요. 작은 개미 하나 지나가는 것 자체도 방해하고 싶지 않고. 마음을 소중하게 기르고 있다가 한국에 왔어요. 한국에 오니까 너무 좋고 자유롭고 한데, 한때는 불만이 많고 힘들더라고요. 잠깐 그런 마음을 잊고 살았는데 대학교에서 자리 잡고 진로도 정해지니까 행복하더라구요. 그래서 다시 여러 가지가 생각나면서 그때의 감정이 살아나고 그랬어요. 그때 원동력이 지금 나한테 힘을 주는 거죠. 순간의 아픈 마음 때문에 혹시라도 삐뚤어져 나갈 수도 있겠지만 저는 다시 정신 차리고 올바른 길로 돌아갈 마음이 있어요. 그러니까 그 경험이 너무 강렬한 거죠. 북한에서는 내가 원하는 진로를 택하기는 힘들거든요. 대부분 정해주니까요. 근데 여기는 아니잖아요. 내가 어떤 길을 선택했는데, 나랑 안 맞으면 그만둘 수 있잖아요. 노력해서 끝까지 가면 그 길이 열리고, 내가 원하는 직업을 내가 택할 수도 있잖아요. 그러니까 그 감정을 생각하면 감사한 거죠. 저한테는 사실 너무나 큰 원동력이에요. 북한에서의 경험과 탈북의 경험은 한국 사회에서 오늘날의 제 정체성을 확립시켜준 역할을 한 거예요. 그래서 '모든 것에 감사하자.'는 마음을 갖고 살아요.

전 : 좋아요. 어떻게 보면 포부가 큰 거잖아요. 야망이 크고요.

임 : 네. 야망도 있고 꿈도 있고 그래요. 사실은 한국 사회보다 미국이나 다른 제3국의 선진국에 가서 제 시야를 넓히고 싶어요. 그렇다고 거기에서 살기보다는 공부하고 다시 한국으로 들어오고 싶은 마음이 있어요.

전 : 왜요?

임 : 저는 정체성을 한국에서 찾고 싶어요. 그리고 뭐든 편견을 좀 깨고 싶어요. 약간 그런 생각이 계속 있어요. 그러니까 최종 결론까지라고는 할 수는 없는데, 일단 한국에서 정착하고 싶어요. 그런 마음이 늘 있어요.

전 : 잘 먹고 잘 사는 데 가치가 있다기보다는 사회 정의나 그런 쪽으로 많이 기울었네요.

임 : 네. 그런 것도 있어요. 혼자서 잘 먹고 잘 살자고 생각하면 이 사회에서 할 것은 많아요. 불법적인 일들도 많고요.(웃음). 그래서 한편으로 대한민국에서 돈 벌기는 참 쉽겠다라는 생각도 했어요. 그러나 그런 쪽으로만 나가

면 돈을 많이 벌어도 행복하지 않을 것 같은 느낌이 들었어요. 탈북민이 차 타고 다니면, "이 새끼, 얼마 됐다고 벌써 자본주의에 물들어가지고 그래?"그런다고 하더라고요. 그래서 저는 '학생 신분에 맞게끔 있어줘야 되겠다.'고 생각했어요. 그러니까 나 자신을 높인 다음에 내가 하고 싶은 걸 해야지, 나 자신이 높지 않은데 앞으로 나아가는 것은 옳지 않다고 생각해요. 그러면 사람들한테 씹히고 시기 질투의 대상이 돼요. 그런 게 싫은 거죠.

전 : 그래요. 그게 좋을 것 같기도 해요.

임 : 그래서 늘 평범하고 소박한 모습으로 겸손하게 살아야겠구나하는 생각이 들어요. 짧은 기간 동안 살아보니 이런 감정이 들어요. '난 돈 많이 벌어서 꼭 멋지게 살고 싶다.'라는 생각도 계속 들긴해요. 근데 실질적으로 마음만 먹고 조금 힘들게 일하면 돈을 많이 벌 수도 있는 게 사실인 것 같아요. 이 사회에서 환영받지 못하거나 힘든 직업을 선택하면 돈 많이 벌어요. 경험해보니까 대한민국에서는 육체적인 고생만 감안하면 지금 당장이라도 돈 벌기는 쉬워요. 그런데 처음에는 돈만 있으면 행복할 줄 알았죠. 근데 별로더라고요. 아니더라고요. 돈도 자기 지위나 품격에 맞아야 그 힘을 발휘해요. 지위도 없는데 돈이 많다고 해서, 그 돈이 빛을 발하지는 않더라구요. 그래서 그 품격을 갖추려고 무조건 대학에 가야겠다고 생각했어요.

전 : 아까 사업했다고 했는데, 그러면 보증금은 어떻게 마련한 거예요?

임 : 그러니까 2천만 원 가지고 그에 상응하는 직종을 찾는 거죠. 사실은 사업 시스템을 보면 '목이 안 좋고, 동네가 후지다,'고 해서 안 된다고 하는데요. 그거보다는 개인적인 능력이나 노력이 부족해서 안 되는 경우가 더 많아요. 내가 나만의 특징을 가지고 나만의 상품을 개발하면 충분히 돼요. 그러니까 그냥 못할 것은 없다고 봐요. 100번 망해도 난 100번 다시 일어난다고 생각해야죠. 그런 마인드로 살고 있는 겁니다.

전 : 진짜 그 의지가 인상적이네요.

임 : 진짜 중요하더라고요. 근데 이런 의지는 북한에서 사실은 없었던 것 같아요. 여기서 경험하고 보니까 생긴 거죠. 만약 내가 살아야겠다고 하면 누구나 다 하죠. 저 같은 경우도 북한에서는 나름대로 선진 시민이었고 평양 시민이어서 누구나 다 부러워했던 사람이었거든요. 그런데 여기 오니까 한순간에 하층민으로 전락한 거잖아요. 그런데 여기에서는 제가 다른 사람 눈치볼 필요가 없잖아요. 그래서 내가 아무거나 하겠다고 해서 사업을 했었죠. 그런 측면에서 보면 마음만 먹으면 어느 정도의 돈을 벌기는 쉬운 것 같아요.

전 : 사업은 언제든지 할 수 있는 거예요?

임 : 그렇죠. 언제든지 할 수 있고, 내가 늙어 죽기 전에라도 돈이 있으면 할 수 있다고 생각해요. 돈에 대해서는 별로 부러움이나 쪼들림은 없어요. 있으면 좋고 없으면 그만이고요.

전 : 어떻게 보면 그 자신감도 큰 자산이네요. 작은 사업도 사람들은 겁나서 잘 못해요. 그런데 임지호는 뭐랄까, 배짱이 있네요. (웃음)

임 : 물론 저도 시작할 때는 엄청 겁났죠. 근데 일단 부딪혀보니까, 길이 생기더라고요.

전 : 멋지네요. 어쨌든 지금은 연구나 공부 이런 쪽으로 삶의 방향이 기우는 거죠?

임 : 네. 아무리 제가 금전적으로 부유하더라도 행복하지 않을 수 있다는 걸 안 거죠. 나 자신을 받아들일 수 없다고 할까요? 저는 그런 삶을 원하지 않아요. 저는 명예도 있고 가치도 있는 삶을 원하죠. 근데 또 깊이 들어가 보면 실질적으로 저도 처음에 한국 와서 노가다 등 여러 가지 경험을 해보고 싶었어요. 내가 돈이 없더라도 다양한 경험을 해보고 싶었던 거예요. 알바도 하고 싶고, 한국 사회에서 뭐든 해보고 싶었던 거죠. 오늘 만약에 하루 종일 우울하거나 힘들어서 하루 종일 누워 보냈잖아요. 그러면 그날 저녁은

반드시 후회해요. 왜 그 시간을 그렇게 낭비했나 싶은 거죠. 그 안타까움 때문에, 밤새 자지 않고 공부하는 거죠.

전 : 네. 뭔가 인간은 열심히 노력해서 살아야 된다는 거네요. 그런 신념이 있나 봐요.

임 : 그리고 또 한 가지 중요한 게 있죠. 북한에서 한국으로 온 게 떳떳하거나 자랑스러운 일은 아니잖아요. 왜냐면 어쩔 수 없이 한국에 온 건 맞는데 그 '어쩔 수 없이'라는 상황을 만들지 말았어야 하는 거잖아요. 그러니까 그 나라에서 어느 정도 내 지위나 역할을 확고하게 잡지 못하고 이쪽으로 어쩔 수 없이 왔어도, 어쨌든 여기에서는 북한이주민으로 인식이 되는 거잖아요. 이런 느낌을 봤을 때 자랑스러울 수는 없죠. 객관적으로 봐도, 내 나라에서 제대로 적응을 못한 거잖아요.

전 : 불법을 저지른 느낌인건가요?

임 : 그렇죠. 그러니까 그런 마음을 열등감이라고 하죠. 이런 열등감이 저를 계속 컨트롤 하는 거죠. 이 열등감을 벗어던지고 제 정체성을 보여주려고 노력해야죠. 그 빛이 발할 순간을 계속 생각하는 거예요.

전 : 심리학자 아들러는 '열등감이 인간을 움직이는 원동력'이고, '창조의 근원'이라고 했어요.

임 : 그런 거 있어요. 뭔가 그 열등감이 원동력이 되는 건 맞아요. 가끔 자기 분노가 되기도 하고 어떨 때는 위축되고 그래요. 또 없어 보이고, 스스로 기분 나빠하고 불쾌한 경험도 들고 그래요. 근데 결론적으로는 욕심이 있고 좀 잘하려고 하는 사람들한테는 열등감이 불을 지피는 역할도 하더라구요.

전 : 그러면 제가 몇 가지만 더 물어볼게요. 분위기 전환을 위해서 주제를 좀 다르게 해볼게요. 그러면 '자유'란 무엇이라고 생각해요?

임 : 자유요? 어려운 질문이네요. 그러니까 자유라, 뭐라고 대답해야 할지 고민되네요. 생각나는 대로 말해볼게요. 우선 자유를 찾아 떠난다고 하잖아요. 저는 굳이 남한에 자유를 찾으러 왔다기보다는 '살기 위해서'와가지고 자유에 대한 개념이 없을 수도 있는데요. 또 자유라는 범주가 너무 광범위해서 어렵네요. 북한에서는 노래에서만 '자유'라는 단어를 들어봤어요. 북한에서는 '자유가 없으면 살아도 죽은 목숨이다.' 이런 노래가 있어요. '목숨은 버려도 자유는 찾자.' 이런 식이죠. 김일성 시대 때 만들어진 것인데, 조국광복의 의미를 담은 노래예요. 그런데 실상은 그 반대잖아요. 자유가 없잖아요. 그렇게 노래에서만 자유라는 말을 들어봐서, 사실 자유가 뭔지 한 번도 생각해본 적이 없습니다.

전 : 그렇군요. 그럼 남한에서는 대학교에 가면 시간표를 자유롭게 짜거든요. 이 점에 대해서는 어땠어요?

임 : 북한에서 대학 생활이라 함은 고등학교 때처럼 짜여진 시간표 대로 공부하는 거예요. 남한은 자기가 원하는 시간에 교과목을 집어넣어서 시간표를 짜잖아요. 그런데 저는 남한에 와서 대학교 1학년 때 뭐가 뭔지 모르니까 되는 대로 수강 신청을 했어요. 그 다음에는 시스템을 아니까, 내 일정에 맞춰서 짰어요. 이런 게 자유롭고 좋더라구요. 내가 뭔가를 결정할 수 있고, 그 결정한 것에 대한 책임도 져야 한다는 게 굉장히 의미가 있는 거잖아요. 그래서 한편으로는 '이렇게 편해도 되나?'라는 생각이 들었죠. 너무나 쉽게 수강신청을 하고, 내가 원하는 것을 들으면 되고, 위에서 시켜서 하는 것이 아닌 게, 놀라웠어요. 그래서 한편으로는 너무나 쉽게 공부한다는 생각도 들었죠. 한편으로는 남한의 시스템이 너무 허술하다는 생각도 했어요. 아마도 제가 북한에서 조직 생활만 해서 그럴 수도 있어요. 군대에서만 10년을 있었으니까요. 그래서 자유로운 행정 시스템이 적응이 안 된 거죠. 저는 진짜로, 남한에 오면 더 빡세게 지시받으면서 공부할 줄 알았거든요.

전 : 혹시 나이 때문에 같은 대학생 또래들하고 관계가 어색하지는 않나요?

임 : 사실 북한에서 군 복무만 10년을 하다가 왔잖아요. 그러다 보니, 한국 대학교에서 같은 또래가 없습니다. 그래서 한편으로 학생들과 융화되기가 힘들다고 할까요? 사실 외모만 놓고 보자면, 제가 약간 동안이거든요. 그래서 팀플할 때 외모만 보고 학생들이 나이 차이를 잘 못 느껴요. 그런데 제 나이를 말하잖아요. 그러면 애들이 놀라요. 근데 저는 나이 말할 때가 가장 싫거든요. 애들은 보통 22살 정도인데요, 저는 거의 그 애들보다 10년이나 나이가 많으니까, 나중에는 애들이 부담스러워해요. 같은 학번인데도, '오빠'나 '형'이라고 불러야 할지 고민하는 것 같더라구요. 애들이 약간 긴장하고 그러더라고요. 그래서 사실, 같이 섞이기가 힘들어요.

전 : 교수님들은 임지호를 편안하게 대하나요? 북한에서 온 것을 다 아실 텐데요.

임 : '북한이주민'이란 걸 굳이 숨기지는 않습니다. 아직 대한민국 사회가 관대하지는 않으니까요. 대학교수님도 안 좋은 시선 갖고 계신 분들도 계세요. 난민 키우는 느낌처럼 말하는 걸 많이 경험했어요. 이런 부분에서는 저도 모르게 움츠러들죠. 난민으로 말씀하실 때는 불편한 기분이 들어요.

전 : 그럴 수 있겠네요. 그런데 실제로 북한 분들을 만나면, 그 독특한 억양이 있잖아요. 북한만의 사투리요. 그것 때문에 불편한 점은 없었어요?

임 : 제가 수업시간이든 특강을 나갈 때든 발표하거나 할 때 한국억양을 제대로 구사할 수는 없잖아요. 그건 불가능한 일이기도 하구요. 그래서 자연스럽게 평양말을 쓰니까, 어디 가서 말하면 북한에서 왔다는 걸 알더라구요. 그래서 요즘에는 제 소개할 때 먼저 북한에서 왔다고 말하는 편입니다.

전 : 그러면 혹시 '한국 사람이 할 수 없는 걸 나는 했다.'라는 어떤 자부심이 있을까요?

임 : 북한학을 공부하는데, 교수님들이 명확한 지식을 갖고 계시지 않을 때가 있어요. 그러니까 지식으로 북한을 아는 것하고, 경험을 통해서 배운 것하

고 다를 때가 있어요. 특히 제가 평양이고 하다 보니까 북한에서 일어난 일을 가장 잘 안다고 자부할 수도 있어요. 그런데 교수님들의 강의를 들으면서, '아, 북한의 현실은 강의 내용과 다른데, 잘못 알고 계시는구나.' 이런 부분도 있거든요. 그렇다고 해서 제가 손을 들고 이렇다 저렇다 하면서 수업 내용을 갖고 따지지는 않아요. 그러면 수업도 불편해지고, 교수님과 저도 불편해질 거잖아요. 그래서 조용히 듣고 말아요. 그래서 누구보다도 남과 북을 동시에 경험했다는 것이 자부심으로 남습니다.

전 : 혹시 북한이주민을 바라보는 대한민국 사람들의 인식에 대해서 어떻게 생각해요? 개선할 필요가 있겠죠?

임 : 제가 대한민국 드라마를 보면서 느낀 점은 '드라마나 영화는 정말 사회의 현실을 잘 반영하는구나.'라는 거였거든요. 간단하게 드라마에서 본 사실을 한 가지 말씀드리면, 제가 최근에 봤던 드라마 〈대행사〉가 있어요. CF 광고를 통해서 물건을 팔기도 하지만 사회 인식을 변화시켜서 업적, 목적을 달성하는 역할을 하는 것이 CF 광고더라고요. 그래서 CF로 탈북민 인식 개선을 개혁하는 것도 좋겠다 싶었어요. 그런데 실질적으로 교육 현장을 나가보고 〈통일교육원〉에서 하는 통일교육을 들으러 가면 "탈북민은 탈북민의 범주 안에서"라는 느낌이 강합니다. 다시 말해서 '북한 사람은 북한에서 경험한 것만을 교육해라, 통일에 대한 관념이나 철학은 한국 강사들이 다 한다.' 이런 느낌이었어요. 그러니까 한국과 북한을 분류해 놓고 교육하는 느낌이었어요. 통일교육은 한국강사가, 북한 교육은 북한 강사가 하는 것이라는 거죠. 제 생각에는 강사 한 명이 통일과 북한에 대해서 한번에 알려주면 되는데, 왜 나눌까 싶어요. 만약 통일 교육이 필요하고 북한에 대한 교육이 필요하면, 북한이주민이 가서 교육할 때 통일교육도 같이 하면 되지 않을까 싶은 거죠. 그래서 두 명이 같이 가서 교육하는 것 자체가 차별을 염두에 두고 하는 것이라고 생각해요. 〈통일부〉라고 하는, 탈북민들을 대한민국에 정착시키기 위해서 가장 핵심적인 역할을 하는 통일부 자체가 그런 인식을 갖고 있는 거죠. 물론 정부 부처들의 인식개선이 우선 필요한 것 같고요. 그 인식개선이 가장 효과적인데, 진짜로 탈북민의 사회

통합을 바란다면 어느 정도의 광고 같은 게 필요하지 않을까 싶어요. 탈북민도 대한민국 국민입니다. 똑같은 사람이고 우리한테 꼭 필요한 사람이라는 점을 광고했으면 좋겠어요. TV에 광고 문구라도 넣으면 꼭 한 번씩은 보게 되잖아요. 그럴 때 북한이주민에 대한 인식 변화를 요하는 광고가 삽입됐으면 좋겠어요. 그렇게 하면 어느 정도 북한이주민을 바라보는 부정적인 인식이 긍정적인 인식으로 개선되지 않을까 생각합니다.

전 : 좋네요. 이야기를 하다 보니, 이제 마칠 시간이 됐어요. 오늘 인터뷰에서 뭐를 느꼈을까요?

임 : 오늘은 제 마음속에 품고 있던 얘기를 꺼내서 좋았어요. 나밖에 몰랐던 얘기를 말씀드린 느낌이에요. 어떤 측면에서 저 스스로도 제 이야기를 하면서 깨달았던 것도 있네요. 지금 상황에서는 내가 정한 길이 뚜렷해진 것 같고, 지금 그 길을 향해 가는 느낌이에요. 그 누구한테도 말하지 않았던 걸, 오늘 교수님한테는 편하게 말씀드린 느낌이에요. 그러다 보니 교수님은 좀 더 훌륭한 책을 냈으면 하는 바람이 있어요. 때문에 좀 더 솔직하게 그냥 내 마음속에 있던 말을 해주지 않았나 싶어요. 단, 한가지 분명히 해두고 싶은 부분은 제가 이야기한 모든 내용들은 저의 개인적인 생각과 이상일뿐, 또 아직은 한국사회에 정착중에 있는 새내기의 얕은 세계관에서 나온 것일 뿐 이것이 그 어떤 집단의 대표성을 나타낼 수는 없다는 것은 분명히 해두고 싶습니다.

전 : 그런 생각을 해줘서 고마워요. 정말 감사해요. 앞으로도 좋은 연구를 해야겠네요. 어쨌든 지금까지 인터뷰를 해줘서 정말 고마워요. 시간도 꽤 흘렀는데, 불편한 표정 없이 대해줘서 고마워요. 다음에 또 만나요.

임 : 감사합니다. 또 뵙겠습니다.

엘리트 청년의 의연한 대처능력

부지불식간 자기 행복을 발견하는 것처럼 즐거운 것이 또 있을까요. 인생의 모든 기억을 떠올려 봅시다. 행복한 미소를 떠올렸을 때가 언제입니까. 저는 북한과 남한을 동시에 경험한 청년입니다. 따라서 북한에서의 행복과 남한에서의 행복이 다소 차이가 있음을 느끼며 살아가고 있습니다. 그래서 깨달은 것은 행복 자체가 외부로부터 오는 것이 아니라, 내부에서 발생한다는 것이었습니다. 어쩌면 행복은 환경과 체제를 초월할 수도 있는 마음의 동력이라고 생각합니다.

제 가족은 모두 북쪽에 있고, 저는 혈혈단신으로 한국 사회에 정착했습니다. 북한학을 전공하는 사람으로서 독자들에게 북한의 실상과 북한이주민이 느끼는 삶의 버거움, 이들이 한국 사회에 정착하기 위해 얼마나 부단한 노력을 기울이고 있는지 잘 느끼고 있습니다. 그들의 개인적 소외를 개관적으로 전달하고 싶다는 사명감도 갖고 있습니다. 행복할 것 같지 않은 북한이주민에게, 어떻게 하면 행복을 찾고 밝은 미래를 살아갈 수 있을지 함께 고민하기를 소망합니다.

70년이 넘은 분단의 세월 동안, 남한 사람들은 북한의 사회와 북한 사람들에 대한 인식이 크게 변했다고 생각합니다. 여전히 이들을 바라보는 남한 사람들의 시선이 곱지 않으니까요. 따라서 북한 사람들의 삶을 조금만 이해하고 보듬어준다면, 북한이주민은 남한 사회에서 보다 행복하게 살 수 있을 것입니다. 북한의 정치·경제·사회·군사적인 보도는 잘 알려지는데, 그들의 일상 생활에 대한 보도는 잘 알려져 있지 않습니다. 이에, 편향된 시선으로 보도

되는 뉴스가 북한 주민들의 실상을 일반화시키는 오류를 범하도록 만들고 있습니다. 북한에 대한 정보 접근이 제한되어 있어서 한국 사람이 북한의 실정을 제대로 알기란 사실상 불가능하겠죠. 그래서 편향된 시선을 지닐 수 밖에 없을 것입니다.

현재 한국 사회는 놀라울 정도로 빠르게 성장하고 있습니다. 고도성장에도 불구하고, 코리아디스카운트 같은 저(低)신용국가로 한국이 평가를 받을 수밖에 없는 이유는 분단이라는 키워드가 크게 작용하고 있기 때문입니다. 따라서 대한민국이 세계적인 강국으로 부상하기 위해서는 한반도의 영원한 평화는 필수적이며, 이를 위해서는 우선 남과북의 주민들이 공감대를 찾고, 서로를 잇는 연대를 갖는 것이 무엇보다 중요하겠죠. 하지만 현실적으로 서로를 적대시하는 남과북의 특성상, 이해와 공감이 불가능하리라 여겨집니다.

따라서 먼저 입남한 북한이주민의 이야기 속에서라도 북한 사회를 이해하고 주민들의 의식을 파악하는 태도를 갖는 것이 보다 중요하다고 생각합니다. 북한이주민이 풀어놓은 이야기를 듣다 보면, '과연 저 이야기가 맞는 건가.' 하고 헷갈리거나 당황해하실 수도 있겠습니다. 하지만 여기서 북한이주민을 이해하기 위해 독자가 어떻게 태도를 취해야 하는지에 대한 한 가지 팁을 드릴 수 있습니다. 생각보다 간단합니다. 독자의 시선이 아닌 북한 주민의 시선으로 그들을 바라볼 여유를 갖는 것입니다. 그러한 마인드셋이 된다면 북한(이주민)을 이해하고 공감할 수 있으리라 생각합니다.

3장 나만의 길을 가겠습니다

* 인터뷰 일시 및 방식 : 2021년 3월 8일 월요일,
　　　　　　　　　　　오후 12-2시(비대면)
* 인터뷰어 : 김민규(가명)
　　　　　　　(2017년 입남, 양강도 부근, 서울 거주, 남성, 33세)
* 내용 구성 및 정리 : 곽상인

대전 소재의 대학교에 강의가 있는 날이었다. 강의를 마치고 선배 언니와 수다를 떨고 있었다. 한참 얘기를 하다 보니, 김민규와 인터뷰할 시간이 다가왔다. 선배 언니에게 "북한분과 인터뷰가 있다."고 하자, 옆 방을 흔쾌히 내어주었다. 테이블을 닦는데 손에 먼지가 제법 묻어나왔다. 오랜 시간 사용하지 않았던 방 같았다.

컴퓨터 앞에 앉아 Zoom에 접속했다. 그와의 약속은 오후 12:00였는데, 그는 10:30분부터 들어와 있었다고 했다. 접속 시간을 여유 있게 잡아둔다고 했던 건데, 거기 찍힌 시간대로 들어와 있던 거였다. 내게 전화 한 통 없이 마냥 기다렸다고 했다. 미안한 마음을 안고 인터뷰를 시작했다.

전 : 네? 10시 반부터 들어와 있었다고요? 죄송해서 어떡해요. 전화라도 하지 그랬어요? 그러면 일도 못 하고 기다리고 있었겠어요.

김 : …(그는 아무 말도 없었다. 화가 난 걸까? 그러다 갑자기) 1시간 정도 인터뷰합시다. 수업이 있어서요. 기록을 꼭 해야 하나요? 다른 데서 강의 같은 거 들어와도 저 안 가거든요. 얼굴은 꼭 나와야 하는 거예요?

전 : 화면 끄고 할까요?

김 : 그렇다고 어떻게 그렇게 해요?

전 : 괜찮습니다. 화면은 끄시고 질문을 제가 공유할게요. 이걸 보면서 같이 얘기 나눠요. 질문 잘 보이시죠?

김 : 죄송합니다.(무엇이 죄송하다는 건지 자꾸 '죄송'을 반복했다.)

전 : 나도 얼굴 화장 안 하고 그럴 땐 화면 끄고 대화하는 게 편해요. (웃음)

김 : …(그는 말이 없었다. 편한 분위기를 만들어 보려고 농담한 것이었는데, 아무래도 '실패'다.)

전 : 2017년도에 왔잖아요. 북한에서는 어떤 일 했어요?

김 : 일 했다는 게 특별한 게 없구요. 그냥 자동차 사업소에서 차 정비 같은 거 좀 했어요.

전 : 거기는 성분에 따라 직업을 정해주잖아요?

김 : 네. 그렇긴 한데요. 좋은 직업 같은 경우 성분을 따지거든요. 일반 직업은 성분 안 봐요.

전 : 아, 다 따지는 건 아니네요.

김 : 여기로 따지면 국정원, 경찰, 당 간부 이런 거 할 때 성분 따져요.

전 : 그럼 자동차 정비소는 본인이 좋아서 간 거예요? 기계 같은 걸 좋아했나 보네요?

김 : 네, 제가 좋아서 들어간 거예요. 그런데 사실 뭐, 크게 그렇다기보다 아는 분이 일하고 계셔서 그냥 갔어요. 직장이라고 해서 뭐 좋다기보다는 특별히 고를 기회가 많지 않아서 일단 들어가봤어요.

전 : 그러면 거기서 얼마나 일했어요?

김 : 한 3년 일했어요.

전 : 일은 만족스러웠어요?

김 : (씁쓸한 웃음) 북한에 살면서 만족스럽다는 건 좀 그렇네요. 다른 직장보다는 괜찮았던 거 같아요.

전 : 그럼, 이 일 말고 다른 것도 했던 게 있어요?

김 : (헛웃음) 다른 거요? 다른 거 크게 한 게 없어요. 그냥 저기 뭐야, 가정 살림 그런 일을 많이 했어요.

전 : 가정 살림요?

김 : 그니까 회사에 나가면 주는 게 없거든요. 월급이란 게 없으니까, 벌어야 먹고 살잖아요.

전 : 그럼, 자동차 정비소에서 일할 때 돈은 못 받은 거예요?

김 : 그죠. 거기서는 '돈'이란 게 없고요. 북한은 무보수로 일해요.

전 : 그러니까 '직업'이라는 단어에 대해 진지하게 생각해 보거나 그런 기회는 많이 없었던 거네요?

김 : 그치요. 좋은 직업은 어쨌거나 출신 성분 때문에 들어가기 힘들거든요.

전 : 어쨌든 정비소에 아는 사람을 통해서 들어간 거잖아요. 거기서는 어떤 생각을 하고 일했어요?

김 : 어떤 생각을 한다기보다 북한은 일을 안 하면 무직으로 또 잡아가거든요. 노동형이나 이런 거로 갈 수도 있고요. 그러니까 그냥 좋고 나쁘고가 없이 그냥 일하는 거예요. 그냥 가서 눈치 보는 거예요. 그저 그런 방향으로 일하고 있어요.

전 : 체제 자체가 그렇다 보니까 집에서 놀 수는 없고. 그게 좋아서 한다기보다는 일을 해야 해서 그냥 했던 거네요.

김 : 네. 맞아요.

전 : 그럼 거기선 '내가 앞으로 이런 꿈을 꾸겠다.'는 생각조차 못 했던 거예요?

김 : (한숨). 그죠. 다른 집 자식같이 환경이 좋고 출신 성분이 좋으면 꿈을 가지겠지만 천한 백성 같은 사람인데 무슨 꿈이 있겠어요. 철없을 때는 꿈을 생각해봤는데, 아무리 해봐도 안 되겠다 싶었죠.

전 : 그래도 태어났으니까 이건 꼭 해봐야겠다 하는 게 있었어요?

김 : 어렸을 때는 그런 게 있었는데, 고등학교 졸업하고 나니까 토대를 따지더라구요.

전 : 토대요?

김 : 아, 성분요. 성분을 따져서 내가 뭔가를 하고 싶었는데, 안 된다고 해서 이미 다 포기했죠.

전 : 그럼 원래 하고 싶은 게 있긴 했네요? 뭐였어요?

김 : 아, 그런 거도 말해야 돼요?

전 : 네. 궁금해서요. 나 같은 경우에는 직업이라기보다 어려운 사람도 돕고 싶다는 생각이 막연히 있었거든요.

김 : (비웃음) 북한에서는 누구를 돕다는 생각을 못 해요. 여기 와서 그런 문화가 있는 것에 더 놀랐어요. 기부하는 문화를 보고 정말 놀랐어요. 북한에서는 자기 살기 바빠서, 남을 돌볼 여유가 없어요.

전 : 그죠. 내가 먹고살 만하고 그래야 생각할 수 있는 거죠. 여유자금이 있을 때 말이죠. 당장에 먹을 밥도 없는데 무슨 기부에요?

김 : (웃음) 그죠. 남 도와주고 이런 거 해본 적은 크게 없어요.

전 : 북한에서 '직업'이라는 단어에 대해서는 어떻게 이해하고 있었어요?

김 : (비웃음) 직업이요? 중요하게 생각해 본 적 없어요. 크게 기대하지도 않았어요.

전 : 적성 같은 것은 전혀 생각을 못 했을 거고요.

김 : 생각은 했는데요. 남자들은 죽을 때까지 일해야 한다고 생각했는데, 커가면서 발전할 길이 없는 거죠. 성분이 안 좋으면 어딜 가지 못하는 거예요. 직업에 대한 큰 꿈을 버리는 거예요. 그냥 국가일 노동을 안 하는 게 최고의 직업이었던 거 같아요.

전 : 어떤 개인의 재능이나 적성보다 국가를 위해 내가 해야 하는 의무적인 일? 그럼 남한에 오셔서 한 3년 정도 사셨으니까, 직업관이랄까요? 그런 게 좀

바뀌었어요?

김 : 인식이 바뀐 게 많죠.

전 : 거기는 갇혀있는 환경이죠. 근데 여기서는 일하면 돈을 주잖아요. 여기서는 일을 안 하면 살기 힘드니까 일을 하죠. 남한에 내려와서 돈을 받아보니까 어땠어요? 처음 돈을 받았을 때요.

김 : 자기 일한 거에 돈을 주니까, 큰 돈을 주니까 기분 좋죠. 일한 만큼 돈을 주니까 열심히 살아야겠다는 생각이 들었죠. '한국 정부에서 우리를 받아줬는데, 나도 여기 와서 잘 사는 모습을 보여줘야겠다.'는 생각을 했어요. 그런 생각은 늘 하고 있어요.

전 : '잘 산다'는 건 어떤 의미예요?

김 : 그냥 일반 국민들처럼 사는 거죠.

전 : 특별히 내가 뭐를 해야 되겠다 그건 아니네요?

김 : 네. 그런 건 없어요.

전 : 공부도 하고 의식주 생활도 전보다 형편이 나아지니까, 그런 일상생활이 가능해지는 거네요. 그러면 입남(入南)하기까지 중국에서 고생을 많이 했다 들었어요.

김 : 네. 거기서 고생 많이 했어요. 불법으로 있는 거니까, 그냥 닥치는 대로 했어요. 그렇게 5~6달 있었어요. 저희들은 또 왔다갔다 해야되니까. 직장도 다녀야 하고.

전 : 남한에 와서는 직업 구하기도 힘들었겠네요.

김 : 그렇죠. 남한에서 직업 구하기도 힘들죠.

전 : 어떤 분들은 신문 광고 보고 직업을 구하던데요. 또 어떤 분은 교회를 통해서 직업을 구하기도 하고 그러던데요. 어땠어요?

김 : 저도 〈벼룩시장〉이랑 〈알바천국〉 보고 구했어요. 엄청 많이 해봤는데요, 잘 안 구해졌어요. 지인들이나 친구들 통해서 구할 수 있었어요.

전 : 특별히 직업을 구하는 데 도와준 사람 있어요?

김 : 친구들요. 친구들이 소개해줬어요.

전 : 하나원 나오면 기수끼리 친하다던데.

김 : 맞아요.

전 : 동병상련이라고 비슷한 사람들끼리 마음도 통하고 그래요?

김 : 같은 기수에서 고향 친구 만났어요.

전 : 고향 친구라고 챙겨줬구만요.

김 : (웃음) 그런 거죠. 지금도 몇 명은 의지가 되고 좋아요.

전 : 친구가 무슨 직업을 소개시켜 줬어요? 처음에요.

김 : 아파트 문짝 다는 일요. 문 설치 같은 거 했죠. 타이어 상하차도 해보고.

전 : 좋은 경험이 됐겠어요. 일하면서 잊고 싶은 거라든지, 안 좋았던 경험이 있었을까요?

김 : 저는 크게 기억하는 스타일은 아니거든요. 안 좋은 기억도 그냥 지나가게 놔두거든요. 크게 새겨두지 않는 편이에요. 좋은 기억은 있어요. 한국에 와서 제일 처음 국정원에 있을 때 그 느낌이 좋았어요. 대한민국에 도착했을 때 그 기쁨은 정말 잊을 수가 없지요. 다른 기쁨이 있다고 해도 그거만큼 좋은 게 없어요. 진짜 잠이 안 올 정도로 좋았어요.

전 : 사실 직업에서 좋은 경험을 말해달라고 부탁드렸는데, 국정원 이야기로 빠졌네요. 어쨌든 안도의 한숨을 쉰 거네요.

김 : 그런가요? 죄송합니다. 어쨌든 북한에서부터 다짐한 게 이뤄졌으니까요. 저는 몇 번 탈북했다 잡히고 했던 경험이 있거든요. 그런 고비를 다 이겨내고 끝까지 온 거잖아요.

전 : 우여곡절을 겪고 북에도 몇 번 왔다갔다 하면서 고생하셨네요. 대한민국 국민으로서의 신분을 갖고 안전하게 생활할 수 있다는 거 자체가 감격스럽겠네요. 그러면 문 설치하고 이런 거는 육체적으로 힘든 건 없었어요?

김 : 괜찮았어요. 중국에 있을 때에 비하면 괜찮았어요. 북한에서도 엄청 힘든 일 많이 해봤으니까. 일하는 데 큰 어려움은 없어요.

전 : 아, 그러니까 북한이나 중국에 비하면 아무것도 아니네요. 거기서 고된 일을 많이 했던 거네요.

김 : 네. 완전히 일 강도가 달라요. 비 오기만을 바랐어요. 물론 자기가 힘들어서 쉬겠다 하면 하루 정도는 쉴 수 있는데 남들 일하고 하니까 눈치 보이죠. 고저 그냥 힘들어도 하고 그랬죠. 비가 와야 일을 안 하죠. 근데 뭐, 기다렸다기보다는 어쨌든 비가 오면 좋죠.

전 : 거기서는 어떻게 버텼어요?

김 : 돈 벌어서 가족들 먹여 살려야 하니까 힘들게 일했죠. 나 혼자서 살겠다 하면 그렇게 열심히 하겠어요? 중국에서 일해가지고 번 돈을 북한에 보내주고 해야 하니까, 그런 정신으로 일을 했죠.

전 : 그럼 지금은 학생이고 하니까 일을 어떻게 할까 고민이 되시겠네요.

김 : 근데 학교 다니면서 일하는 것은 무리에요.

전 : 수급 나오는 거 때문에 그러잖아요?

김 : 네. 그것도 있고 공부도 따라가기 힘들어요. 시간도 없고요. 그런 고비를 다 이겨내고 끝까지 온 거잖아요.

전 : 어쩌면 시간 쪼개서 벌어봤자, 조건에 안 맞으면 반납해야 하니까 공부에 집중해야겠다 그런 생각도 있겠네요. 어떻게 보면 공부에 집중하는 게 나을 수도 있겠어요.

김 : 네. 환경이 그렇게 되니까요. 할 수 없어요. 남는 게 없으니까요.

전 : 대학에서 왜 공부하려고 결심했어요?

김 : 한국에 왔는데, 아는 것도 없고 해서 일단 대학교에 들어가자는 마음을 먹었죠. 4년이라는 세월이 걱정되긴 해요. 어떻게 해야 할지, 돈도 그렇고요.

전 : 지금 1학년이니까 어떻게 보면 고민하기 시작한 단계네요.

김 : 네. 대학을 졸업한다고 해서 직업이 바로 생기는 게 아닐 수 있구요. 대학 졸업하면 37살이거든요. 그러면 곧 40인데, 그 나이로 어디 가서 일자리 찾기도 힘들고요. 결혼도 하고 싶고.

전 : ○○ 산림학과죠? 그 전공 살려서 갈 생각하고 있어요? 그때 가서 바뀔 수도 있지만 생각하는 거 있어요?

김 : 다른 거에 크게 관심 있는 게 없어요. 원래 사회복지학에 관심이 있어요. 원래 사회복지학과랑 산림환경학과 두 개다 붙었거든요. 근데 둘 다 좋아해서 선택할 때 고민을 많이 했어요. 그러다 최종적으로 산림학 쪽으로 갔어요.

전 : 요즘엔 복수전공도 있잖아요.

김 : 있긴 한데, 전공 하나도 하기 힘든데 어찌 두 개를 하겠어요.

전 : (웃음) 아직 1학년이니까 여러 가지로 생각해봐요. 요즘에는 전공했다고 딱 그거만 하는 거도 아니니까요.

김 : (헛웃음) 복수전공 같은 거 하면 진짜 좋지요. 그럴 실력이 안 됩니다.

전 : 남한도 넘어왔는데 뭘 못해요. (함께 웃음) 너무 빡빡하게 하기는 어려울 수 있으니까 천천히 생각해봐요.

김 : 기초가 너무 없어요.

전 : 커리큘럼이 다르니까 힘들어하긴 하더라구요. 컴퓨터는 어때요?

김 : 그건 괜찮아요. 젊으니까 하고 싶은 게 생겨서 대학도 갔죠. 그런데 저는 그냥 산림관리 일을 하고 싶어요. 조경이라고도 할 수 있고요. 제가 또 자연을 좋아하니까요.

전 : 자연을 보고 있으면 마음이 좋아지죠. 어디 취업해서 할 수도 있고, 조경관리사로도 일할 수 있고, 기관에 갈 수도 있고, 프리랜서 할 수도 있고 그

렇네요. 요즘은 산림 쪽도 전망이 좋아요. 지금 보니까 워낙 조용하고 차분해서 잘하실 것 같네요.

김 : 그러게요. 일단 들어가면 꼼꼼하게 잘할 수 있는데 들어가기가 힘들 거 같아요. 사람 만나는 것도 크게 선호하지는 않는데, 그렇다고 또 싫어하지도 않아요.

전 : 성격이 둥글둥글 하나 보네요. 크게 가리거나 하는 것은 없네요. 그래도 취업했을 때 크게 기대하는 바는 없어도 취업하면 어떻게 일하고 싶어요? 지금은 상상이겠지만요. 나 같은 경우는 남들이 하지 않은 연구를 해보고 싶거든요. 어떤 사람은 명예가 중요하다고 그러고, 어떤 사람은 돈이 중요하다고 그러잖아요.

김 : 저는 명예나 돈보다 그냥 맑은 공기 마시면서 살고 싶어요. 한국에 와보니까 숲이 정말 아름답고 멋있었더라구요.

전 : 근데 북한은 아직 오염도 덜 돼서 자연이 더 좋은 거 아니에요?

김 : 아니에요. 남한은 나무도 많고 좋아요. 그런 부분을 너무나도 좋게 생각했어요. 어쨌든 나무가 있는 산림청 같은 데 가서 일하면 보람을 느끼겠다 싶었어요.

전 : 그렇군요. 저는 막연히 자연 면에서 더 좋다고 생각했거든요.

김 : 네. 공기는 북한이 여기보다 좋은 거 같아요. 그런데 북한은 나무 관리를 안 해요.

전 : 아, 그렇구나. 야생으로 놔두는 게 많나 보네요. 그래서 관상으로는 여기가 아름답다고 느껴지겠네요.?

김 : 맞아요.

전 : 그러면 꼭 지키고 싶은 직업의식이 있을까요?

김 : 직업의 정체성요? 이런 것은 어려워요.

전 : 어렵게 생각하지 말고, '난 대한민국 사람이야. 어느 대학교의 대학생이야.' 이런 게 정체성이거든요. 직업 정체성도 그런 거예요. 직업인이 되면 어떤 사람이 되고 싶은지, 그런 포부가 있나요?

김 : 대한민국에 왔으니 대한민국 사람인 것은 당연하구요. 사람들이 내가 꾸민 조명을 보고 스트레스를 풀고 마음도 좋아졌으면 좋겠어요. 손님분들이 와서 기뻐하고 그러면 좋죠. 제가 서빙도 해봤거든요. 그때도 음식이 맛있다고 하면 기쁘고 그랬거든요. 직업이 다르긴 하지만 산림도 내가 뭘 할지는 아직 모르지만, 사람들이 와서 힐링도 하고 가면 보람되고 좋죠!

전 : 나중에 일하시면 저 꼭 불러주세요! (웃음)

김 : 그랬으면 좋겠는데 아직 꿈이 좀 멀어요.

전 : 저는 호주에서 잠깐 1년 정도 지낸 적이 있거든. 양로원에서 일하고 레스토랑 서빙도 해봤거든요. 근데 일하는 데서 호주애들끼리 햄버거 먹으러 가더라구요. 저만 빼놓고. 그래서 기분 나쁘고 그랬거든요. 약간 왕따를 당한 느낌이랄까. 스시 가게에서도 일했는데, 영어가 짧아서 계산을 잘못하는 바람에 알바비도 못 받은 적도 있어요. 저처럼 일하면서 안 좋았던 감정이나 에피소드가 있을까요?

김 : 뭐랄까, 사람마다 생각하는 게 다른 거 같아요. 저는 그런 걸 크게 생각 안 해서 그런지, 안 좋은 건 딱히 기억나는 거 없어요. 웬만한 건 긍정적으로 생각하고 좋게 넘어가려고 해요. 내가 이 땅에 와서 한 일도 없는데, 시시

콜콜 감정을 따지고 안 되죠. 아무것도 없으니 그냥 긍정적으로 생각하고 그러려고 해요.

전 : 아, 그렇군요. 기분 나쁘다고 해서 일일이 컴플레인할 필요는 없다고 생각하는 거네요. 근데 그렇게 하면 안 억울해요? 뭐 기분 나쁘거나 열받거나 할 텐데요.

김 : 크게 억울하진 않아요. 그 당시에는 기분이 나빠도, 시간이 지나면 다 이해가 돼요. 그래서 기분 나쁜 거는 가슴에 묻어두지 않아요. 너무 긍정적인가요? 그래서 스트레스도 별로 없어요. 그런데 다른 거보다 가족과 떨어져 생활하는 게 외롭죠. 그거 말고는 없어요. 여기서 할 게 많잖아요. 북한에서는 다른 세상을 돌아다니는 여행의 자유가 없잖아요. 그래서 그것이 제일 기뻤어요. 여기는 그런 자유가 있잖아요. 두 번째로 그리웠던 건 북한에서는 다른 매체를 접하지 못하거든요. 중국 TV도 못 보게 해요. 그런데 여기서는 보고 싶은 거 다 보잖아요. 그래서 행복해요. 거긴 채널이 하나고, 거의 정치 관련된 것만 나와서 재미없어요.

전 : 여기 와서는 축구 경기도 많이 하고, 볼 게 엄청 많잖아요.

김 : 그래서 좋아요.

전 : 거긴 통행증 있다면서요?

김 : 그죠. 여기로 말하면, 경기도에서 전라도 갈 때 통행증이 있는 거예요. 동사무소 같은 데서 통행증을 해줘야 갈 수 있어요. 그런데 거의 다 찍어줘요. 근데 평양 같은 데는 들어가기 힘든 구역이 있거든요. 자강도라든가. 북한에서도 가고 싶은 데는 가지만, 해외여행을 못 가잖아요. 그런 게 그리웠던 거예요.

전 : 다른 나라 가본 적 있어요?

김 : 아직 없어요. 언제든지 돈만 있으면 갈 수 있다는 것만으로도 좋아요. 기회가 있다는 게 중요하죠.

전 : 나중에 취업하면 많이 다니시겠구만요. (웃음)

김 : 여유가 생기면 그렇게 해야죠. 세계 문화를 좋아하니까요.

전 : 어느 나라에 가장 가보고 싶어요?

김 : 제일 먼저 미국 가보고 싶어요. 그다음에는 스페인이요. 축구를 좋아하니까 유럽 가고 싶어요.

전 : 빨리 코로나가 풀려야겠어요. 그러면 마지막 질문으로 '내가 원하는 일을 가질 수 있다.'라고 생각하시나요?

김 : 저는 그것을 믿는 편이긴 해요. 기회가 있다는 게 중요한 거 같아요. 못하면 또 다른 일을 해볼 수도 있고 그런 거잖아요. 북한처럼 '딱, 여긴 못 들어간다.'는 건 없잖아요. 기회가 주어진다는 것 자체가 좋은 거예요.

전 : 겁나는 게 없다고 해야 되나요? 자신감이 있다고 해야 되나요?

김 : 자신감이 있지는 않아요. 그보다는 기대치가 크게 높지 않아요. 기대치가 높지 않아야, 뭔가를 못 해도 후회를 안 한다고 할까요? 그래서 일단은 할 수 있는 걸 하는 거죠.

전 : 근데 그런 생각은 어디서 나오는 거예요? 더 욕심 갖고 이럴 수도 있잖아요. '한국에 왔으니까 좋은 집에 살겠다.' 이럴 수도 있는데, 기대치를 높이지 않는 이유가 있을까요?

김 : 저는 평범하게 사는 걸 좋아해요. 잘 사는 걸 바라지도 않구요. 그냥 평범하게 사는 게 좋아요.

전 : 평범한 게 뭐예요? 어떻게 보면 기준이 애매모호하잖아요?

김 : 직업은 그냥 아무거나 좋아요. 가정을 이루고 살면 그게 평범한 거죠.

전 : 가정을 이룬다는 거는 어떤 이유로?

김 : 그래야 하는 거 아닌가요? 이 땅에 와서 혼자 살면 너무 슬프잖아요. 혼자보다는요. 제가 한국 올 때 자식만큼은 좋은 세상에서 태어나게 하고 싶은 마음이 있었어요.

전 : 여자는 북한 출신 여자를 만나고 싶어요? 아니면 남한 출신 여자를 만나고 싶어요?

김 : 아무나 만나도 상관은 없어요. 마음이 맞으면 좋을 거 같아요.

전 : 한국 사람이면 아무래도 낫나요?

김 : 물론 그렇죠. 한국에 대해 모르는 게 엄청 많잖아요. 아무래도 빨리 남한에 적응하려면 남한 출신 여자를 만나는 게 좋겠죠.

전 : 좋아요. 지금까지 많은 이야기를 나눠서 유익했습니다. 혹시 다음 주에 시간이 될까요?[13]

---

13   2회기는 참여자 의사에 따라 진행되지 못했고, 인터뷰는 아쉽게도 1회기로 종료되었다.

"나만의 길을 가겠습니다."

인터뷰이의 경우에는 이미 마음속에 한국에서의 자기 존재 자체에 대한 만족을 보여주고 있습니다. 인터뷰라는 형식에 대해서 어느 정도의 거부감을 표현하고 있지만, 이것은 대화 형식에 대한 문제이지 한국 사회에 대한 불만은 아닌 것 같습니다. 그냥 자신의 삶에 만족하며 살고 싶은 내면의 표현이라고 볼 수 있겠습니다. 또한 자신이 좋아하는 일을 알고 있으며, 자신이 어떤 것을 할 때 행복할 수 있는지를 파악하고 있어서 멋진 분이라 생각합니다. 대화에서 안정이 느껴집니다.

독자들의 시선과 생각의 차이에 따라 '맹랑한 청년이 아닌가'라는 오해를 살 수도 있겠지만 이 분은 현재 자신이 대한민국에 있다는 것 자체만으로 행복하고 자유롭다는 느낌을 갖고 있습니다. 자유를 갖고서 모든 것을 자신이 선택할 수 있고, 또 불편하다면 거부할 수 있는 조건을 갖춘 대한민국이 좋다고 말하는 것 같습니다. 그렇기 때문에 안정이 느껴진다고 한 것이며, 현재에도 충분히 만족하고 있는 것으로 보입니다.

이 분이 언급한 대부분의 인터뷰 내용을 보면 북한에서의 자신의 상황과 현재 남한에서의 자신의 상황을 비교하면서 설명하고 있습니다. 주목할 것은 한국 사회의 우월성을 지속적으로 언급하고 있다는 점입니다. 이러한 모습의 내면에는 이미 그려놓은 나만의 판타지아가 펼쳐졌기에 가능한 것이 아닐까 생각합니다. 또한 직업과 꿈에 대해서도 큰 기대를 하지 않고, '그냥 흘러가는 대로 살아도 좋다.'라는 인식을 보여주는 것은 그 자체로 여유 있는 분임을

방증하는 것이겠습니다. 북한에서 성년기까지 경험한 사람으로서 한국 사회의 모든 것이 기회라고 보는 듯합니다. 기회에 대한 선택권도 북한과 달리 자기 자신에게 있다는 것만으로도 충분하다는 생각을 갖게 합니다.

모든 것을 긍정적으로 맞아들이는 그의 모습은 자신감의 표현이라기보다는 자기만족의 표현일 것입니다. '가족과 떨어져 사는 것 외에는 모든 것이 다 만족스럽다.'라는 그의 표현은 한국사회에 대한 긍정을 드러내고 있습니다. 이러한 마인드는 한국사회에서 살아가는 데 있어 에너지를 생성할 수 있습니다. 아울러, 절대로 좌절하거나 포기하지 않는 힘을 만들어주는 동력이 된다고 봅니다. 인터뷰에 대한 거부반응은 북한에서 지나온 아픈 기억을 상기하고 싶지 않기 때문이며, 현재에 만족하며 살고 싶은 내면세계를 보여주는 지점이라 보입니다.

문병란 시인의 「젊음」이라는 시를 살펴봅시다. 이 시의 첫 구절에서 시인은 '젊은이는 그 웃음 하나로도 세상을 초록빛으로 바꾼다.'고 했습니다. 젊은이의 힘, 그리고 그 웃음의 위력이 얼마나 대단하면 세상이 초록빛으로 바뀔까요. 왜 하필, 하고 많은 색깔 중에서도 초록빛이라 했을까요. 그만큼 모든 것의 근원이고, 생명이 약동하는 색깔이기에 그렇지 않을까요. 그래서 시인은 '그 높은 히말라야 정상도 젊은이의 발 아래에 둘 수가 있다'고 합니다. 히말라야가 아무리 높다고 한들, 젊은이의 기상과 꿈, 패기보다는 낮다는 얘기가 되겠죠. 그래서 마지막 연에서는 '젊음은 그 꿈 하나로도 세상을 이'긴다고 했습니다. 젊음은 그 어떤 것보다 앞서거나 높거나 빠르거나 할 것 같아요. 그런데 한편으로 너무나 찬란해서, 그 실체를 제대로 쳐다보지 못하고 빠르게 지나가는 게 젊음이 아닐까 싶기도 합니다.

이 책에서는 북한이주 청년과 만나 이야기를 나누었던 기록을 담았습니다. 그중에서도 대학생활을 경험하고 있는 청년과 만나, 북한과 남한의 인생에 대해 이야기를 펼쳤습니다. '젊음'은 무척이나 가슴이 떨리는 단어입니다. 특히 이 책에서 만난 북한이주 청년들은 가장 최근에 북한에서 한국으로 입남했으며, 대학생활을 하고 있는 세대입니다. 그래서 북한의 실상에 대해서도 잘 기억하고 있으며, 남한의 독특한 MZ세대와도 어울릴 줄 아는 세대입니다. 따라서 이들과 인터뷰하는 것 자체는 남과 북의 문화적 현상을 살피고, 남한과 북한이 어떠한 자세를 취해야 통일이라는 과업을 달성할 수 있을지 가늠할 수도 있는 지표가 될 수도 있습니다.

같은 하늘 아래 있다고 하지만, 이들의 젊음은 남한 사회에서 나고 자란 청년의 젊음과 사뭇 다르게 보입니다. 마냥 초록빛으로 보이지 않고, 웃음 하나로 세상을 통째로 바꿀 수 없는 존재처럼 보이기 때문입니다. 질박한 환경을 벗어나고자 하는 몸부림, 가족과의 생이별, 목숨을 건 탈북의 과정, 제3국에서의 도피, 입남했으나 자신에게 쏟아지는 편견과 불편한 시선들, 정착을 어렵게 만드는 수많은 불안함이 도처에 도사리고 있습니다. 어쩌면 북한에서의 삶보다도 극한의 상황에 처한 이들이 대한민국 국민으로 살아간다는 것 자체가 '아름다운 도전'이라고까지 여겨집니다.

이 책에서 만났던 이들을 기억해볼 필요가 있겠습니다. 첫 번째 인터뷰이는 미성년에서 갓 벗어나 대학생의 꿈을 안고 살아가는 '예슬'입니다. 그녀는 폐쇄적이고 질박한 환경인 북한에서 성장했지만, 그 속에서 많은 고난의 경험을 통해 자신을 단련해 왔습니다. 어린 시절부터 북한 사회의 엄혹한 현실을 겪었기에, 그녀의 내면에는 그 누구보다도 강인함이 심어 있으리라 믿습니다. 그녀의 대화에서 느껴지듯이, 예슬은 한국에 온 지 얼마 되지 않은 젊은 여성입니다. 그녀의 눈빛과 태도에서 느껴지는 자신감과 평온함은 독자에게 깊은 감명을 줍니다.

우선 그녀는 북한에서의 힘든 과거를 극복하기 위해 독서를 지속적으로 해왔습니다. 책 속의 주인공과 교감하면서 그 주인공이 되고자 했으며, 그 이야기 속에서 삶을 이겨내는 방법도 찾고자 했습니다. 그녀에게 책은 외로움을 달래줄 친구같은 존재였던 것이죠. 그런 문학을 통해 예슬은 사람의 소중함과 그 관계의 중요성을 깨닫게 되었고, 어려운 환경 속에서도 대학생으로서의 '자기'를 찾고자 노력했습니다. 스스로 대학생이 된 자기 모습을 끊임없이 상상한 덕분에, 그녀는 지금 한국 사회에서 멋진 대학생으로 살아가고 있습니다. 한국사회에서 대학생이 되는 꿈은 그다지 어려운 일이 아니겠지만, 북한이주민에게 대학생이 되는 꿈은 엄청난 도전이자 용기가 필요한 일이라고 하겠습니다.

예슬의 이야기를 들으면서 가장 마음이 아팠던 부분은 어머니와 떨어져 지낼 때 생계를 위해서 돈을 벌어야 했던 시기였습니다. 어린 나이였지만 가족을 돌보아야 하는 의무감 때문에 그녀는 너무나 힘든 인고의 세월을 거쳐야 했으며, 그 과정에서 외로움을 순전히 그녀의 몫이 되었습니다. 우리가 상상하기 힘들 정도로 말입니다. 물론 대부분의 북한이주민이 예슬이와 같은 경험을 갖고 있지만, 그녀는 어려운 환경 속에서도 대학생이 되고자 하는 꿈을 꿨습니다. 한때 가성이 어려워 대학생이 뇌는 꿈을 접은 적도 있었으나, 자기 심연에는 '대학생이 되어야겠다.'는 불꽃이 남아 있었던 것이죠. 아무리 부정하려고 해도 다시 살아나는 불씨를 예슬 학생도 어쩌지 못한 것입니다.

한편으로 보자면 대학생이라는 소박한 자신의 꿈을 포기할 수밖에 없던 현실은 북한 사회의 민낯을 보여주는 대목이라고도 할 수 있습니다. 우상화 교육과 세뇌교육을 오랜 시간 동안 당해온 북한 주민은 자신들을 스스로 가스라이팅을 시키는 삶을 살 수밖에 없었을 것입니다. 이러한 현실은 예슬 학생에게도 예외가 아니었던 것입니다. 아직까지도 많은 북한 주민이 이러한 닫힌 일상을 반복하고 있는 것입니다. 이것이 북한주민을 끊임없는 고통의 나락으로 치닫게 하는 것입니다. 그럼에도 불구하고, 예슬은 한국에서 다시 꿈을 키우고 있으며, 밝은 미래를 위해 열심히 노력하고 있습니다. 그녀의 환한 웃음은 과거의 아픔을 딛고 일어서겠다는 희망의 상징으로 여겨집니다. 그래서 그녀의 아픔은 강한 의지로 되살아나게 되는 것입니다. 예슬 학생은 꿈을 이루기 위해 대학 생활을 준비하고 있으며, 더 나은 세상을 위해 노력하자는 의지를 불태움니다.

　두 번째 인터뷰이는 북한과 남한을 동시에 경험한 청년입니다. 따라서 북한에서의 행복과 남한에서의 행복이 다소 차이가 있음을 느끼며 살아가고 있습니다. 이 청년은 행복 자체가 내부에서 발생한다는 것을 알고 있습니다. 이처럼 행복은 어려운 환경과 체제를 초월할 수 있는 마음의 동력이라고 생각합니다.

　그는 북쪽에 가족을 두고 홀로 한국 사회에 정착했습니다. 북한학을 전공하는 사람으로서 북한의 실상과 북한이주민이 느끼는 삶의 버거움, 이들이 한국 사회에 정착하기 위해 얼마나 부단한 노력을 기울였는지를 대화에서 잘 풀어냈습니다. 자신이 행복하지 않았기에, 어떻게 하면 북한이주민이 행복을 찾고 밝은 미래를 살아갈 수 있을지에 대해 고민을 한다고 했습니다. 그 당찬 포부에 박수를 보내고 싶습니다.

　그럼에도 불구하고 남한 시민이 북한이주민을 바라보는 시선이 좋지 않다고 말합니다. 오랜 분단의 세월 동안, 남한 사람들은 북한 사람들에 대해 좋지 않은 인식을 갖고 있다고 생각합니다. 따라서 이 청년은 북한 사람들의 삶을 남한 사람이 조금만 이해하고 보듬어준다면, 북한이주민이 남한 사회에서 보다 행복하게 살 수 있을 것이라고 말합니다. 따라서 남한 시민이 북한의 일상 생활과 실정을 제대로 알면 편향된 시선으로부터 벗어날 수 있을 거라 기대합니다.

한국 사회는 놀라울 정도로 빠르게 성장하고 있습니다. 그럼에도 불구하고 한국이 신용평가 등급에서 낮은 점수를 받을 수밖에 없는 이유는 분단이라는 키워드가 크게 작용하고 있기 때문입니다. 따라서 대한민국이 세계적인 강국으로 부상하기 위해서는 한반도의 평화는 필수적이며, 이를 위해서는 남과북의 주민들이 공감대를 찾고, 서로를 잇는 연대가 필요합니다. 여기서 북한이주민을 이해하기 위해 남한 시민이 어떻게 태도를 취해야 하는지를 생각해봅시다. 북한 주민의 시선으로 그들을 바라볼 여유를 갖는 것는 것이 필요합니다. 그러한 마인드셋이 된다면 북한(이주민)을 이해하고 공감할 수 있으리라 생각합니다.

세 번째 인터뷰이는 한국에서의 삶에 만족을 드러내는 청년 이야기입니다. 그는 한국 사회에서의 자유와 선택의 권리를 누리고 있으며, 자신이 원하는 삶을 살고자 강한 의지를 드러내고 있습니다. 그와 이야기를 나누는 동안, 북한에서 있었던 과거의 경험을 떠올리고 싶지 않다는 거부감이 그에게서 느껴졌습니다. 누구나 자신의 아픔을 복기하는 것은 불편한 일일 것입니다. 그래서 최대한 현재의 이야기를 하려고 노력했던 것 같습니다.

그는 한국에서의 모든 순간을 기회로 삼고, 과거와 비교하면서 현재의 소중함을 느끼고 있습니다. 자신의 정체성을 찾고, 자신이 어떤 일을 할 때 행복한지를 알고자 하고 있습니다. 그 행복이 쌓이고 쌓여서 과거의 불행과 어둠을 덮을 수 있다면 얼마나 좋을까 하는 심정으로 말입니다. 따라서 그가 일하는 원동력은 안정감과 긍정적인 에너지를 발산합니다. 그 넘치는 에너지원을 가지고 그는 한국에서 다양한 경험을 쌓으면서 새로운 인간관계를 형성하고 있으며, 자신의 평범한 꿈을 실현하기 위해 대학에서 공부하고 있습니다. 젊은이들이 한국사회에서 직업을 구하기 어렵다고 하고, 살아가는 것이 쉽지 않다고 하지만 그에게 있어서 한국 사회의 모든 것은 희망 그 자체로 여겨집니다. 그에게 있어서 직업 선택의 자유는 단순한 개념이 아닌, 그가 살아가는 삶의 방식이 되고 있습니다. 지금도 어디에선가 열심히 자기 성장을 하고 있을 청년에게 힘내라고 말하고 싶습니다.

이 세 사람의 이야기는 서로 다른 배경을 가지고 있지만, 자신의 과거를 극복하고 현재를 소중히 여기는 모습을 취한다는 점에 공통분모가 있습니다. 예슬은 북한의 어려운 환경에서 사람의 소중함을 깨달았고, 그 경험은 그녀가 대학생의 꿈을 키우는 데 큰 힘이 되었습니다. 두 번째 인터뷰이는 한국에서의 삶을 긍정적으로 바라보며 과거의 아픔을 잊고 현실에 충실하고자 합니다. 세 번째 인터뷰이도 대학교에서 자신이 원하는 전공뿐만 아니라 다른 곳에서도 자신의 역량을 발휘하고자 합니다. 이들은 각기 다른 방식으로 각자의 삶을 멋지게 살아가고 있습니다. 각각의 에피소드는 많은 이에게 희망의 메시지를 전달하고 있습니다.

이들의 이야기는 개인의 단순한 경험을 넘어, 북한과 한국 사회의 현실을 대조하며 우리가 잊고 지낸 소중한 가치들을 일깨웁니다. 이들은 우리에게 과거의 아픔이 현재의 행복으로 이어질 수 있다는 메시지를 전달하며, 이야기를 공유하는 것이 얼마나 큰 힘을 발휘시킬 수 있는지를 독자들에게 전하고 있습니다.

현재에도 많은 북한이주민이 한국에서 여러 일을 경험하고 있으며, 어려움에 직면하면서도 살아가고자 노력하고 있습니다. 남한에서 모든 것을 새롭게 출발해야 하는 상황에서 열등감이 일기도 하겠지만, 이들은 그때마다 탈북의 어려운 여정을 상상하면서 용기를 얻고, 대한민국이라는 희망의 땅에서 제2의 인생을 살아가고자 합니다. 특히 대학 생활의 설렘과 추억, 현재와 미래에 펼쳐질 풍경이 어떤 색으로 채색될지는 아무로 모릅니다. 하지만 북한이주 청년들에게 있어서 대학 생활은 평생의 꿈이었고, 누군가에게는 삶의 만족과 행복으로 향하는 도전과도 같습니다. 남한 출신이든 북한 출신이든, 똑같은 젊은이들이 대학생활을 하지만 그 출발점과 지향점이 다를 수 있습니다. 북한이주 청년들에게는 정체성에 관해 고민이 평생 해결해야 할 과제이기도 할 것입니다. 새로운 문화와 경제, 경쟁적인 사회에 적응해서 살아남아야 한다는 부담감을 지니고 있는 그들에게 힘내라고 박수를 보냅니다. 그러기 위해서는 북한이주 청년과 한국 청년을 동등한 시선으로 바라봐 주셨으면 합니다.

총서 9권을 마치면서 몇 가지 제안할 부분이 있습니다. 우선 '대학생'에 대해 남한출생 청년과 북한이주 청년들이 갖는 개념 자체가 다르다는 것입니다. 북한에서 한국으로 이주한 청년들은 대학생활을 하면서, 아르바이트 혹은 취업을 병행하는 경우가 대부분입니다. 또한 북한에서 교육받은 학력을 한국식으로 인정받기 위해 검정고시 등 한국제도권에 적용되는 과정을 거쳐야 합니다. 이 과정에서 최소 1~2년 이상의 시간이 소요됩니다. 따라서 대학에 입학했을 때, 같은 학번이라고 해도 북한이주 청년들의 나이가 많습니다.

따라서 그들은 문화사회적 적응뿐만 아니라 선후배, 친구 관계에서의 적응도 매우 중요한 과업이 됩니다. 이를 위해 대학에서는 그들의 학업뿐만 아니라 북한이주 청년을 위한 동아리, 참여학습,

비교과프로그램 등을 제도적으로 활성화하여 그들의 적응이 보다 안정적으로 진행될 수 있도록 제도적이고 행정적인 지원이 필요합니다. 아울러 남한출생 대학생에게도 북한사회의 문화 전반을 이해할 수 있는 기초적인 교육이 필요하리라 여깁니다. 북한이주 청년들을 대상으로 할 때는 한국사회의 편견과 고정관념에 맞설 수 있는 비판의식 함양 프로그램, 심리 내적 대처능력 강화를 위한 프로그램 및 교육이 보다 적극적으로 개발될 필요가 있겠습니다.

○ 저자소개

전주람 (Jun Joo-ram) ramidream01@uos.ac.kr

서울에서 태어났으며, 성균관대학교 가족학(가족관계 및 교육, 가족문화)으로 박사학위를 최종 취득하였다. 서울시립대학교 교육대학원 교수학습 · 상담심리 연구교수로 2017년 7월부터 2019년 6월까지 재직했으며, 현재는 서울시립대학교 교직부 소속으로 〈심리검사를 활용한 심리치료〉, 〈심리학의 이해〉를 가르치고 있다. 아울러 서울가정법원 상담위원으로 2014년부터 최근까지 활동 중이며, 2022년부터는 통일부 통일교육위원으로 활동하고 있다. 지속적인 연구 관심사로는 가족관계, 심리상담, 문화갈등, 남북사회통합 등이 있다. 주요 논문으로는 「50-60대 북한이주남성들의 일경험에 관한 질적사례연구: 일의 심리학 이론을 중심으로」, 「20대 이혼을 결심한 신혼기 부부에 관한 가족치료 사례연구」, 「북한이주민과 근무하는 남한사람들의 직장생활 경험에 관한 혼합연구」 등 50여 편이 있으며, 저서로는 『절박한 삶』(공저, 2021년 서울대학교 다양성위원회 선정도서), 『21세기 부모교육』(공저, 2023년 세종도서 학술부문 선정도서), 『북한이주민과 지역사회복지』(공저, 2024년 학술원 우수학술도서 선정도서), 『공감을 넘어, 서로를 잇다』(공저, 2024) 등이 있다. 2016년 KBS 〈생로병사의 비밀 : 뇌의 기적〉 600회 특집에 부부상담사로, 2021년 KBS통일열차 일요초대석에 출연하였다.

곽상인 (Gwak Sang-in) gwaksi@hanmail.net

전남 진도에서 출생했으며, 현재 서울시립대학교 자유융합대학 교양교육부 교수로 재직 중이다. 학생들에게 주로 (인)문학을 비롯, 다양한 형식의 글쓰기를 강의하고 있다. 2002년 제2회 〈사이버문학상〉에 단편소설 「타래」로 입선했으며, 「상처에서 벗어나거나 혹은 공존하거나(1-2)」(『시와 산문』, 2017년 겨울)로 평론 데뷔를 하였다. 주로 현대소설에 나타난 인물들의 심리 분석을 연구해 왔으며, 최근에는 소설과 영화, 문화 현상 및 북한이주민과 관련해 연구를 진행하고 있다. 「현대소설에 나타난 문신(tattoo)의 유형과 그 의미」, 「채만식 수필에 나타난 근대 공간 속 타자들의 질병」, 「영화 〈국제시장〉에 나타난 시간과 기호의 서사」, 「황석영의

〈바리데기〉에 나타난 환상 서사」 외 다수의 논문을 발표한 바 있으며, 저서로는 『이병주』(공저, 2017),『절박한 삶』(공저, 2021년 서울대학교 다양성위원회 선정 도서),『20대에 생각해보지 않으면 후회할 것들』(공저, 2022),『소통·창의·공감의 글쓰기』(공저, 2022),『북쪽 언니들의 강점 내러티브』(공저, 2024년),『북한이주민과 정체성 내러티브』(공저, 2024년),『북한이주민과 미시환경』(공저, 2024년),『공감을 넘어, 서로를 잇다』(공저, 2024) 등이 있다.

김지일 (Kim Ji-il) kkmlsa2021@naver.com

북한 평양에서 태어났으며, 북한의 고등중학교 졸업 후 17살 되던 해부터 10년간 군 복무를 하였다. 군 복무 중 돈과 성분에 의해 모든 것이 결정되는 북한 사회의 암담한 현실을 보며 실망과 좌절을 안고 탈북을 결심했다. 현재 한국 사회에 정착하여 대학교에서 회계학과 북한학을 전공하고 있으며, 교수자의 길을 걷고자 학업에 매진 중이다. 2021년부터 국방부 강사로, 2024년부터는 통일부 24기 통일교육위원으로 활동하고 있다. 현재는 〈북한기록문학〉 10권 시리즈 집필에 동참하고 있으며, 북한정세에 대한 밝은 판단력을 바탕으로 감수자 역할도 수행하고 있다. 지속적인 연구 관심사로는 남북 분단과 국가론, 개혁개방을 위한 북한 경제법, 북한이주민의 정체성 찾기, 한국의 저출산과 북한이주민 문제, 사회적 약자의 권리 찾기 등이 있다. 저서로는『공감을 넘어, 서로를 잇다』(공저, 2024)가 있다.

북한이주민과
대학생활 내러티브

초판인쇄 2024년 9월 20일
초판발행 2024년 9월 20일

지은이 전주람 · 곽상인 · 김지일
펴낸이 채종준
펴낸곳 한국학술정보(주)
주 소 경기도 파주시 회동길 230(문발동)
전 화 031-908-3181(대표)
팩 스 031-908-3189
홈페이지 http://ebook.kstudy.com
E-mail 출판사업부 publish@kstudy.com
등 록 제일산-115호(2000. 6. 19)

ISBN 979-11-7217-526-9 94330